피치 못해
사업을 시작하는
어른들을 위한 책

피치 못해
사업을
시작하는
어른들을 위한 책

누구도 가르쳐준 적 없는 자본과 소통하는 법

베프북스
Best Friend Books

추천사

시니어 창업의 알파와 오메가!

저도 기업을 창업하여 20년 넘게 경영해왔지만, 매번 힘들고 어려웠던 것 같습니다. 이 책은 저자 송명빈 대표의 창업 경험과 노하우가 담긴 시니어 창업의 바이블로서 예비 창업자들이 알아야 할 필수 정보를 충실히 알려주고 있어 적극 추천합니다.

- 김시홀 ((주)MJ플렉스.미디어잡 대표)

스타트업에서 촉망받는 글로벌기업에 이르기까지, 기업은 가치로 평가받는다는 저자의 말은 모든 경영인들이 새겨들어야 할 핵심 아젠다다!

- 박상무 (Baker Tilly 성도회계법인 대표)

디지털 소멸 분야 세계적 권위자이자, 학자이자, 경영인이자, 발명가인 저자는 오소독시(Orthodoxy)를 파괴하는 자신만의 독창적 창의력으로 대한민국을 넘어 전 인류에 공헌할 것이라 믿어 의심치 않는다!

- 임종우 (제일특허법인 변리사, 미국변호사)

자유로 김밥집 골드러시를 읽으면서 고단한 삶 속에서 희망을 찾아 움트림 하는 우리네 삶을 발견하게 되네요. 저자의 예리한 관찰력과 삶에 대한 통찰력이 엿보입니다!

- 박동주 (HB인베스트먼트 투자 심사역 이사)

잘 다니던 직장을 하루 아침에 뛰쳐 나가 새로운 창업을 한다는 것은 엄청난 모험일 수 있다. 저자의 쉽지 않았을 결단과 억척스러움에 박수를 보낸다!

- 전순옥 (국민은행 발산동 지점장)

이 책은 창업 추천서가 아니군요? 그러나 정말 창업하려면 아주 단단히 각오하고 하라는… 정말 이렇게 진실되게 알려줘야죠! 무책임한 창업 추천서들 사이에서 빛을 발하는 명서입니다!

- 김태진 (테라오션(주) 대표)

프롤로그

　우리 회사 사훈은 '심청이 동냥젖'이다. 처음에는 '심학규의 동냥젖'이라고 하려 하였으나, 많은 이들이 알아먹지 못했다. 심학규가 누구냐는 것이었다. 심학규는 효녀 심청전의 주인공 청이의 부친, 즉 심청이 아버지의 이름이다. 심청은 심학규와 곽 씨 부인 사이에서 태어났다고 전해진다. 심학규는 알다시피 봉사, 맹인, 즉 요즘 말로, '시각 장애우'다. 심청의 어머니 곽 씨 부인이 청이를 낳자마자 사망했고 심학규, 즉 심 봉사는 그 길로, 심청이를 들쳐 없고 이 동네, 저 동네를 다니며 동냥젖을 얻어 먹여야만 했다. 생각을 해보라~. 자기 눈도 안 보이는 봉사가 그것도 낳자마자 핏덩어리 어린 딸아이를 들쳐 없고 동네방네 다니며 젖을 얻어 먹여야 하는 형국을…

　돈을 구걸하거나 밥을 구걸하는 것은 그나마도 나은 편이다. 그 옛날에 무슨 이유식이 있었을 것이며, 우유나 분유가 있었겠는가? 그저 오로지 다른 여인네의 젖을 요구하여야 하니, 그 동네에 출산 수유 중인 여인네를 찾는 것도 녹록치 않은 일일 뿐만 아니라, 그러한 여인네를 찾는다 하더라도 그 사람이 거렁뱅이 장애자의 딸에게 선뜻 자신의 젖가슴을 내어 줄 리는 만무하지 않겠는가?

때로는 최근의 '미투' 운동과 같은 상황도 펼쳐졌을 것이고, 젖 동냥은 커녕, 몽둥이 찜질을 당해야만 하는 상황도 자주 겪어야 했을 것이다. 그것은 남성이고, 거렁뱅이이고, 봉사였던 심학규에게 닥쳐진 고난의 현실이었을 것이다. 게다가 젖은 돈이나 곡식처럼 저장이 되는 것도 아니다. 청이는 배가 고프면 울어 젖혔을 것이고, 심 봉사는 어제 은혜를 베풀어 준 그 고마웠던 여인에게 재차 자비를 청해야만 했을 것이다. 서로에게 버거운 일이 아닐 수 없다.

나는 사업을 하면서 문득, 내가 심학규가 아닌가? 하는 생각에 빠지곤 한다. 새내기 창업자로서 나도 경험해 보지 못했던 새로운 상황에 봉착할 때마다, 나는 나 스스로가 장님이 아닌가? 하고 생각하게 된다. 내가 심 봉사와 무엇이 다르겠는가?

내 한 몸도 추스르기 어려운 상황에 나는 내가 먹여 살려야 할 식솔들, 직원들이 있다. 나에게 이들은 심청이와 같은 존재다. 나는 내가 아는 모든 인맥을 동원해, 혹은 생면부지의 회사에 찾아가 직원들을 먹여 살리기 위한 방법을 찾아야만 했고, 상대방에게 미안한 줄을 알면서도 또다시 재차 삼차 구걸하며 '동냥 젖'을 얻어내야만 했다.

나는 우리 직원들도 이러한 심학규의 절박함을 깨닫길 바란다. 사실 우리 모두는 허허벌판에 알몸으로 나와서 찬바람을 맞고 있는 '가장'이 아닌가? 내가 여기서 밀리면… 내가 여기서 포기하면… 나 혼자만이 아니라, 내 가족, 내 자식들이 굶어 죽게 된다. 심 봉사가 청이를 위해 마주해야 했을 절박함을 다시 생각해 보길 바란다. 그에게 닥쳤을 멸시와 위협과 절망을 떠 올려 보길 권해 본다.

나는 이러한 절박함으로 사업을 시작했고, 지금도 사업을 하고 있다. 나는 '심청이 동냥 젖'이 아니라, '심학규의 동냥 젖'이라고 사훈을 고치고 싶다. 심학규는 위대한 아버지이기 때문에 그 이름을 기려야 할 충분한 의미가 있기 때문이다.

차례

1장.
직장인으로 산다는 것

2장.
어떻게 창업을
준비할 것인가?

3장.
멈추지 않는 전차의 가동

4장.
기업은 가치로
평가 된다

5장.
사업 성공? VS 사업 실패?

[부록]
창업에서 폐업까지
일용할 양식들

1장

직장인으로
산다는 것

직장인
되기

 나는 대학 시절 영화감독이 꿈이었다. 국어국문학과 학생이었음에도 불구하고 영화동아리에서 회장까지 맡아가며 필름으로 영화를 찍고 현상과 편집, 주변 식당과 카페에서 협찬금까지 걷어서 그 예산으로 교내에서 상영회까지 했으니, 지금 생각해도 그 열의는 대단한 것이었다고 자평한다.

 당시 나의 선친은 사업가였다. 그 역시 방송사 직원이었으나 그 시절 정동에 사옥이 있던 그 방송사는 한때 월급을 치약으로 줄 정도로 사정이 좋지 않았고, 그래서 선친은 출판사를 운영하기 시작하였다. 군사 정권 때 인쇄물을 찍는다는 것은 허가를 받아야 하는 업종이어서 나름 진입장벽이 높은 사업이었다. 그러나 그 진입장벽은 불과 3~4년 내에 허물어졌고, 우리 집안도 기울었다. 그때가 대학 3학년 1학기 무렵이었다. 나는 군에 입대했다.

제대 후, 나는 영화감독의 꿈을 현실과 타협하여 방송사 PD로 재조정하였다. 그래서 국어국문학과를 졸업하고 다시 신문방송학과로 복수전공을 하였다. 복수전공을 시작하고 한 달이 채 되지 않았을 무렵, 학교 게시판에 케이블TV 방송사 PD 공채모집 공고가 나붙었고 응시를 했다. 신기하게도 나는 당시 430대 1의 경쟁률을 뚫고 합격을 했다. 신규 사업 기획안을 1개 제출하라는 미션이 주어졌는데, 나는 세 가지를 제출했다. 아마, 그래서 합격한 것 같았다. 역시 대한민국은 질보다 양이다.

그렇게 내 첫 직장은 방송사 제작국이 되었다. 당시 황금알을 낳는 사업이라고 일컬어지던 케이블TV 출범기에, 그것도 공채 1기 PD로 입사했으니 참으로 잘된 일이었다.

나는 내가 열심히 일하면 회사가 발전하고, 그에 따라 나 역시 승진을 거듭해 이사가 되고 사장이 되며, 돈도 많이 벌게 되는 줄 알았다. 나의 발전과 회사의 발전은 동일한 것이며, 모든 직장은 다 그러한 것인 줄 알았다.

PD란 자기 작품을 남기는 직업이다. 매주 새로운 것을 기획하고 제작하고 그것을 방송하면 나의 업적으로 쌓이게 되니 말이다. 생각한 것은 어렵지 않게 현실에 구현되었고, 모든 시스템은 일사불란하게 이러한 과정을 서포트하기 위해 존재했다. 나는 창작자요, 곧 작품이며, 이는 다시금 회사 그 자체였다.

　사람이란 있을 때는 그 소중함을 모른다고 했던가? 그래서 나는 초개와 같이 방송사 PD 자리를 박차고 나왔다. 그렇게 옮긴 '일반회사'는 전혀 달랐다. 나는 회사의 작은 부속품에 지나지 않았다. 내가 잘한다고 회사가 나아지는 것도 아니었고 매주 보람이 쌓이는 구조는 더더욱 아니었다. 끝이 보이지 않는 일을, 흔적도 남지 않는 노력을, 뫼비우스의 띠처럼 계속해서 빈 풀무질만 할 뿐이었다. 그저, 내가 가진 인생의 일부를 팔아서 그 나머지 인생을 살아갈 수 있는 동력, 즉 '돈'을 얻는 게 전부였다.

　특히, 남들이 부러워하는 대기업은 오히려 중소기업보다 이러한 면이 더했다. 콩나물시루 속 한 줄기의 콩나물처럼 더 많은 사람 중에 더 작은 역할만이 주어질 뿐이었다.

　생각해보면 볼수록 막막하고 화딱지가 났다. 내 인생의 시간이 100이라면 그 100 중에서 50을 팔아서 그것으로 50을 살아야 하는 구조였다. 그나마 늙으면 팔아서 돈으로 바꿀 시간조차 부족하기 때문에, 실제로는 80:20이 맞는 산식이었다.

　겨우 20의 자기(own) 삶을 살기 위해 80을 희생(cost)해야 한다면 우리 인생은 너무나 서글프다. 밥버러지도 아닌데, 그저 밥 먹자고 고통을 감내하며 '생존'에 내몰려야 한다면 말이다.

　직장은 그래서 매우 중요한 것인지 모른다. 자기 삶의 80%(한껏 낮추어도 최소 50% 이상)를 살아내야 하는 곳이고, 나의 여러 가지 '역할'(아들, 남편,

아버지, 친구, 후배, 선배, 제자, 동네 이웃, 식당 손님…) 중 가장 많은 시간을 할애해야 하는 곳이니 말이다. 그래서 '직', '업'이 불교에서 말하는 '業'과도 일맥상통하는 것이란 생각이 든다. '직'은 포지션, '권한'을 이야기 한다. 교직, 성직, 관직 등 '위치'를 말하는 경우이고, '업'은 농업, 공업과 같은 '영역'과 함께, 잔업, 과업, 혹은 수업과 같은 반드시 자기가 '해내야 할 일'을 말한다. '업무'라고 하니 딱 들어온다.

우리는 모두 자신의 업을 지고 살아가는 사람들이다. 평생을 해야 하는 일이니만치, 가장 많은 시간을 보내며, 가장 많은 생각을 하는 영역이고, 자기 자신에게 가장 큰 영향을 미치는 것임에는 재론의 여지가 없다. 결국, 직장인은 직장인이라는 시각으로 세상을 볼 수밖에 없고 택시기사라는 굴레 속에서 삶을 맴돌 수밖에 없으며, 초등학교 여교사의 습관으로 시어머니와 마주할 수밖에 없는 것이다. 어떤 업을 선택하고, 어떤 업 속에서 어떻게 성장할 것이며, 그 업을 통해서 어떻게 사회와 호흡할 것인가? 혹은, Buren(버든, 짐)으로 남을 것인가?가 결정될 것이다.

요즘 취업난에 내 몰린 '취준생' 입장에서는 복에 겨운 얘기라 하겠지만, 직업의 선택은 인생에 있어서 가장 중요한 것이라 강조하고 싶다. 하루 벌어 하루 먹기도 바쁜 선택의 여지가 없는 대다수의 서민 입장에서는 '헛소리'라 하실 터.

직장 옮기기
신공

전 직장 상사는 직장 선택의 기준을 세 마디로 명쾌하게 정의하였다.

첫째, 회사가 발전 가능성이 있는가?

둘째, 그 발전이 나와 함께 할 수 있는 것인가?

셋째, 급여!

그리고 내가 첫 직장을 그만둘 때, 한 선배는 이렇게 말했다

"너 직장 한번 관두면 앞으로 계속 관두게 될 거야… 그거 습관 돼~"

그 저주는 적중했다.

첫 직장을 그만둘 때, 나는 나름대로 그 직장에 대한 불합리성이 있었고, 그것을 견디기보다는 새 직장을 찾는 것이 훨씬 바람직할 것 같다는 내 나름대로의 논리가 있었다. 그러나 그러한 논리는 다른 직장이라고 해소될 리 '만무'였다. 아니, 도둑 피하려다 강도 만난 격이었다. 앞의 그 선배의 악담처럼, 물은 위에서 아래로 흐르는 법! 직장은 첫 직장이 가장 좋은 직장이고, 옮길수록 낮은 급의 직장으로 옮기게 된다는 것이었다. 이후, 나의 이직은 점점 기간이 짧아졌다. 어떨 때는 2년, 어떨 때는 1년… 심할 때는 3개월 다니고서 이내 때려 치웠다.

나는 주로 헤드헌터들을 통해 직장을 소개받았다. 지금 생각해 보면 내가 좋은 대학, 좋은 직장을 다녔기 때문이기도 했지만, 30대 초반의 대리~과장급의 시기가 가장 구인구직이 빈번하게 발생되는 구간이었던 까닭이었다고 지금은 생각한다. 그러나 그때는 자신감이 넘치던 시절이었다.

선배의 악담과는 전혀 다르게, 물이 위로 흐르는 상황이 연출되기 시작했다. 한두 번 이직을 하고 난 후, 나름의 요령을 터득한 것이었다. 나에 대해 적절히 포장할 줄도, 회사 측과 연봉을 협상할 줄도 알게 된 것이다. 나는 스스로를 '한일자동펌프'라 칭했다(당시, CF에 폭포가 거꾸로 흐르는 모습을 보여주며 펌프의 강력함을 표현했던 브랜드다). 서류전형은 단 한 번도 떨어진 적이 없었고, 면접은 나의 독무대라고 자만할 정도였다.

비결을 공개하자면, 아래와 같다.

첫째, 이력서는 절대불변이어서는 안 된다?

많은 이들은 과거는 바꿀 수 없는 것이라 생각한다. 때문에, 모두 이력서는 절대로 바뀔 수 없는 과거지사라고 생각한다. 그렇지 않다. 방송사에 지원했다면, 나는 방송사를 위해 태어난 것이고, 나는 방송을 위해 대학 학과를 선택한 것이며, 동아리 활동도 그것을 먼저 체험하고 준비하기 위한 것으로 변모된다. 이력서에는 그렇게 나열되어 재정리 된다. 물론 자기 소개서도 마찬가지다.

만약 통신사에 지원했다면, 나는 대학부터 통신업무 수행의 기초를 위해 그 학과를 선택한 것이고, 전자제품의 '얼리어답터(Early Adopter)' 정신도 통신사에 적합한 소양을 기르기 위해 오랜 청춘을 바쳐 준비해 온 결과로 탈바꿈한다. 물론, 기존에 다녔던 직장도 통신사에서 새로운 신규 사업을 펼치기 위해 경험하고 준비하기 위해 가져온 하나의 '과정'일 뿐인 것이다. 다시 말해, 학적이나 직장 경력을 바꿀 순 없으나, 기존의 논리를 모두 변형시켜 새롭게 지원하는 그 직장 및 그 직종에 적합하게 강조점을 재정렬하는 것이다.

그러려면 최우선으로 내가 지금 지원하는 회사와 그 직무에 대한 철저한 조사와 분석이 있어야 하며, 그것을 토대로 나의 과거 학력, 전 직장 경력, 그리고 기타의 경험과 취미생활까지도 모두 현 지원처를 향하게 화살표를 집중해 놓아야 한다.

의외로 대부분의 사람은 그런 성의가 없다. 자기가 들어갈 회사에 대한

학습은 전혀 없이 그저 스스로를 꾸미기에 급급하다. 그럴수록 조미료 냄새만 강해질 뿐이고, 천편일률적인 만년 들러리 역할만 전전하게 될 뿐이다.

둘째, 오소독시(Orthodoxy)를 뒤엎는 것이다.

대부분은 면접에서 뻔한 질문에 뻔한 답이 오고 간다. 대부분의 경우, 대기업의 인사팀을 제외하면 면접을 하는 면접관도 별로 준비 안 된 비전문가이고, 면접을 당하는 피면접자도 거의 모두 비전문가이다. 회사의 임원은 인성을 본답시고 직무와 관련 없는 구닥다리 질문이나 하기 쉽고, 실제 직무가 급한 팀장급은 임원 눈치 보느라 필요한 질문을 많이 할 처지가 못된다. 피면접자는 자칫 나대다가는 찍히기 십상이라 그저 묻는 말에만 제한적으로 몇 마디 뿌리다 만다. '물에 물 탄 듯'이란 표현이 적절하다.

내가 S사에 지원할 때의 일이다. IMF로 전 직장에서 제작국 PD 90%를 줄이고, 편성 PD만 남기는 카니발의 막바지 상황이었다. 나는 직접 S사 P 대표에서 전화 걸어 "저는 귀하의 회사에 취직하고 싶습니다."라고 소신을 밝혔고, 거의 한 달 만에 면접기회가 주어진 상태였다.

지금 생각해 보면 참으로 당돌한 놈이 아닐 수 없다. 당시 P 대표의 비서는 내가 방송사 PD로서 자기네 사장을 인터뷰하는 줄 알고 전화를 바꿔 준 것이었고, P 대표는 나의 그 천연덕스러운 '귀사 취직 희망'에 '이 놈 한 번 만나나 봐야겠다'가 성립된 것이었다. 마침내 나는 S사의 인사 면접에 응시할 수 있었다.

"우리 S사와 L사가 경쟁 관계인 건 아시죠? 우리 S사와 L사의 차이에 대해 설명해보세요~"

임원중에 한 분이 이렇게 질문했다. 나는 딱 2초간 생각을 정리해 내었다.

'뭐라고 말해야 한 큐에 끝낼까?'

나는 이렇게 답했다.

"저는 지금의 우리 S사와 L사가 아무런 차이가 없다고 생각합니다. 지금처럼 천편일률적인 양자구도에 제가 차이를 만들어 내겠습니다!"

질문에 곧이 곧대로 답하지 않고, 레이어(Layer)를 달리하여 답변한 것이었다.

셋째, 나의 강점과 단점을 정확히 소구할 줄 알아야 한다.

회사는 사람을 구할 때, 공자님이나 부처님을 뽑겠다는 생각을 갖고 있지 않다. 스티브 잡스가 그 회사에 와서 일을 해 줄 것이라 기대하지도 않는다. 다시 말해, 구인을 할 때에는 회사가 필요로 하는 스펙이란 것이 있는데, 이 스펙은 잡 디스크립션(Job Description)으로 구체화되어 있다. 회계면 회계, 개발이면 개발, 영업이면 영업 등 업무 영역이 있고, 그 업무가 어떠한 것이며, 어떠한 기능과 경험이 있는 사람이어야 한다는 내용이 정의되어 있다. 또한, 직급도 팀장인지 팀원인지, 임원급인지 임시 단기용역직인지가 결정되어 있는 것이다.

따라서 사측이 원하는 인재상이 어떠한 사람인지를 먼저 정확히 파악할 필요가 있다. 이름 높은 기업이라고 해서 모두 일류대학교 출신만 선호하는 것은 아니다. 영업직의 경우는 '퀄리티' 보다 '로열티'라는 말도 있듯이, 대부분의 직장은 오래 일해 줄 사람을 더 선호한다. 특히, 소규모 기업인 경우에는 들락날락할 친구 같으면 아예 안 뽑는다. 회사 분위기만 망치고 기업 비밀만 줄줄 새기 때문이다. 때문에 나는 이력서에 항상 내가 할 수 있는 업무가 무엇이며, 어떠한 업무를 특히 더 잘하며, 잘하는 수준은 어떠한 정도인가를 분명히 기재해 놓는다.

이를테면, '신규 사업 발굴 및 대외 협력 분야에 독보적 능력 보유', '기존 OO사 입사 후, 6개월 만에 매출 50억 원을 매출 70억 원으로 대폭 신장', '파워포인트 1급, 엑셀 1급 국가 자격증 보유' 등이 그 예다.

또한 대부분은 면접 때, 피 면접자의 단점에 대해서도 파고든다. 이를 위해 반드시 자기 단점에 대해 체크하여야 한다. 진짜 단점을 찾아내면 바로 바보 된다. 강점으로 승화 가능한 단점을 찾아서 포장해야 한다.

예를 들어, "저는 성격이 소심한 단점이 있습니다. 그래서 항상 미리미리 계획하지 않으면 매사가 불안합니다. 그래서 항상 계획하고 체크하고 또 검토하고 합니다. 때문에, 주변 친구들한테 핀잔을 자주 듣습니다."

이런 단점은 회계 쪽 구인자 입장에서는 아주 대단히 바람직한 단점이 아닐 수 없다. 아니, 어쩌면 그런 단점을 평생 몸에 익혀 온 사람을 지금껏 찾아 왔었던 것일지도 모른다.

많은 헤드헌터를 거쳤지만, 나는 한 번도 이력서 수정이나 보충 요청을 받은 적이 없다. 매우 분명하며, 매우 설명적이며, 매우 강렬하다는 평가였다. 이러한 평가 뒤에는 나 스스로에 대한 냉정한 분석과 그 보완책이 전략적으로 촘촘히 정리되어 있었던 것은 더 말할 나위도 없다. 그러나 무엇보다도 정확한 사유는 내가 정말로 절박한 상황이었으며, 그 직장을 얻지 않으면 나는 죽겠다! 라는 정도의 처절함이 있었기 때문이었다고 나는 회고한다.

끝으로, 입사 후의 자세다.

대부분은 입사한 것으로 모든 것이 완료되었다고 생각할지 모른다. 그러나 경력직의 이직은 입사 이후부터가 시작이다. 참으로 냉혹한 평가가 그때부터 시작되기 때문이다. 대부분 헤드헌터로부터 사람을 스카우트한 회사는 그 사람이 받을 연봉의 15%~30%를 일시불 수수료로 떼어간다. 때문에, 구인을 한 회사는 예컨대 연봉 5000만 원으로 인재를 채용했다면, 실제로는 5000 + 1500 = 6500만 원 을 지출하게 되기 때문에 매우 값비싼 인재라고 생각을 하게 된다. 따라서 이 사람이 엄청난 일을 해낼 것이란 기대를 갖게 되는 것은 어쩔 수 없는 것 같다.

나는 이직 후, 반드시 3개월은 회사 근처 사우나 정기권을 끊는다. 아침은 무조건 7시 출근, 퇴근은 무조건 밤 12시 이후다. 대부분의 직장은 새로 입사한 사람에 대해 거부감을 갖는다. 경력직의 경우에는 더더욱 그렇다. 이직이란 행위는 사람으로 보면 일종의 이식수술과 비슷하다. 간 이식을 할 경우 이식 전에 환자와 가장 잘 매칭되는 간 기증자를 찾는 것부터 시작된다. 가족이 가장 적합하고 같은 혈액형, 같은 인종에서 이식 성공률이 높아진다. 그러나 보통 3개월 이내에 이식은 성공 여부가 갈린다. 거부반응이 생기고 항체가 형성되면 이식은 실패한 것이다.

"얼마나 잘하는지(버티는지) 지켜보자!"

"저 친구가 연봉 7천짜리 팀장이래~."

"공채인 우리는 뭐야? 우리 위로 오는 거야?"

"전 직장에서 평판이 거지 같았대… 조심해야 해!"

회사 내 항체가 생기기 시작하는 것이다. 그러나 동양 사회는, 대한민국은 성실함에 점수를 후하게 준다. 일주일 동안 7시~24시 출퇴근을 반복하면 처음에는 "며칠이나 가겠어?", "쇼하네~"로 분위기가 퍼지다가 한 달이 반복되면, "그래도 성실성 하나는 최고네~"로 바뀐다. 다시 석 달째가 되면, 사장이 외부 미팅이나 심지어 술자리에까지 데려가 자랑까지 하는 지경이 된다.

"이 친구가 별명이 송 L 사우나야! 왜인 줄 아나? L 사우나에서 먹고 자고 하면서 회사 일에 몰두하고 있어서 붙여진 별명이야~. 집에는 주말에만 간다네. 하하하…."

어떤 일이든 3개월을 파면 달인이 된다. 3개월 후 나는 이미 그 회사의 주요제품과 거래처에 대해 철저히 파악하게 되고, 주변 동료와도 이미 친해지게 된다. 고로, 회사에서 성공하려면 집이 회사와 30분 이내의 거리에 있어야 함은 불변의 철칙이다!

벼랑 끝에 선
직장인

직장 옮기기의 달인이 될 정도로 이직을 반복하고 나니, 이직의 장단점을 극명히 느낄 수 있었다. 좋아진 것은 연봉이 훌쩍 높아졌다는 것이고, 나빠진 것은 이제 더 이상 옮길 직장이 남아 있지 않다는 것이었다.

운이 더럽게 좋은 나는 문과생들의 프라이드인 방송사 PD직에서 일순간 IT 회사로 이직할 수 있었고, 문과생임에도 불구하고 이과와 공대들의 전유물로만 여겨졌던 IT 기업에서 사업기획은 물론, SI 개발 팀장까지 하며 내 큰누님과 동갑이신 개발자 부하 직원에게 개발 수정 지시를 내리는 수준까지 되었다.

그러나 내가 직장생활을 하던 2000년대는 방송사 입장에서는 CATV와

IPTV, DMB 등이 복마전을 펼치던 이른바 '미디어 빅뱅'의 시대였고, IT는 2000년대 초반에 '묻지 마 투자'로 초대형 버블을 형성하며, 누구나 단돈 100만 원만 더 준다고 하면 뒤도 돌아보지 않고 이직을 하는 대이동, 대혼란의 시대였다. 그랑떼아홈쇼핑, TU미디어, 라이코스, 엠군닷컴, 선영아 사랑해 등등 이제는 그리운 이름이다.

나는 헤드헌터를 통해 이직하는 것에 신물이 났다. 그들의 기대에 부합하기 위한 노력은 이제 나의 명을 단축하기에 충분했다. 처음엔 변화 없는 삶이 싫어서 교직은 쳐다보지도 않았던 나였으나, 이제는 안정적인 회사에서 '가구'와 같은 존재가 되고 싶다는 생각이 들기 시작했다.

이제는 명함을 바꿔가며 사람을 만나는 일도, 매번 새로운 프로젝트를 조사하고 기획하여 시장에 팔러 다니는 일도 더는 할 수가 없을 정도로 지쳐 버렸다. 나이가 마흔이 되면서 체력도 이전 같지 않았다. 정신적으로 피폐된 나는 온전한 사고와 판단을 할 수 없는 상태였다.

나는 새롭게 마지막 직장을 찾기 시작했다. 그곳은 국내 대기업 통신사였다. 130년 전통을 자랑하는 그 회사는 장모님들이 사랑하는 회사 1위였다.

나이 마흔이 될 때까지 결혼정보회사를 통해 맞선만 178번을 보았던 나로서는 이제 결혼은 둘째 치고, 죽기 전에 반드시 내 종족을 번식시키고야 말겠다는 간절함으로 오로지 모든 목표를 연(年) 내 결혼으로 삼았다.

그 차원에서 대기업 통신사는 매우 훌륭한 회사였다. 나는 회사 홈페이지에서 공고문을 보았고, 남은 시간이 약 2주가량 있음을 확인했다. 모든 경력직은 회사를 상대로 프레젠테이션을 요구받는다. 나는 내가 지원하는 부서에 대해 철저히 분석했고, 프레젠테이션을 500페이지를 만들어 5권을 제본하여 면접에 가져갔다.

면접관들은 내용은 고사하고, 그 분량에 기가 질려버린 것 같았다. 사장 격인 본부장은 면접도 다 보지도 않고 윙크 한번을 남긴 채, 10분 만에 자리를 박차고 나가셨다. 함께 면접 온 외국어 능통자, 경쟁사 부장출신자, 해외 학위자 등등은 그냥 들러리로 변해버린 순간이었다. 나는 그렇게 그 130년 된 통신사에 경력직 공채로 합격하였다.

그러나 그 대기업 통신사는 6개월간 나에게 아무런 일도 주지 않았다. 나는 그냥 멍~하니 인터넷 검색만 하고 있었다.

'이렇게 아무것도 안 해도 되나?'

어느 날, 상무님이 오셔서 나에게 말했다.

"요즘 뭐해?"

"그냥, 있습니다."

"그럼, 인터넷 검색해서 신규 사업 조사 좀 해 봐! 본부장이 뭐하냐고 물으면 신규 사업 조사 중이라고 하라고…"

"예, 알겠습니다. 보고서를 작성해서 제출할까요?"

"아니… 그냥, 검색만 하라고. 심심할까 봐 말해주는 거야… 그냥 있어~."

당시 전 직원이 5만 명이 넘었던 그 기업은 정말로 항공모함과도 같았다. 그 어떠한 풍파에도 끄떡없이 조용하고 묵직하게 나아가고 있었다. 배라고 느껴지지 않을 정도로. 그냥, 육지라고 생각해도 믿어질 정도로 평온하고 적막하기까지 한, 〈정〉〈중〉〈동〉 그 자체였다. 나는 그 꿈의 대기업에서 9년간 일했다. 처음에는 조속한 성과를 내지 않으면 잘리는 줄 알고 이런저런 아이디어를 짜내어 위에 제시했다. 정해진 시간보다 이른 출근은 물론, 마지막 퇴근은 항상 내 몫이었다.

그러나 이 회사는 지금까지 내가 다녀온 직장들과는 시스템 자체가 달랐다. 모든 부서는 1년에 한 번 이상 셔플링(Shuffling)이 되어 구성원이 대폭 바뀌었고, 당연히 업무도 재조정되었다. 특별히 야근을 할 일도, 야근하는 이도 많지 않았다. 색다른 아이디어를 낸다손 치더라도 그 아이디어는 채택될 가능성이 높지 않았다. 열심히 하더라도 티가 안 나고, 펑펑 놀더라도 그 누구도 심하게 지적하는 이가 없었다.

근무 평가제도는 거의 연공 순이었다. 업무를 잘하는 사람에게 A를 주는 것이 아니라, A를 줄 사람을 그 자리에 앉히는 방식이랄까? 새로 그 부서에 전입된 나는 항상 D를 밑바닥으로 깔아 주어야만 했다.

내가 퇴사할 무렵, 그러니까, 거의 7년을 채우고 난 후에야 나는 B라는 것을 처음으로 받아 보았고, 그 죄로 주변의 부러움과 시기, 질투를 독차지하게 되었다. 회사 매출 3800억을 혼자 했음에도 말이다(당시 내가 맡았던 모바일 상품권 사업은 경쟁사를 물리치고 독보적 1위 사업으로 연 매출을 3800억 원이나 찍었었다).

외부 경력직으로 입사한 나는 항상 그 조직에 스미지 못한다는 느낌을 받았다. 신입 공채 때부터 10년 이상을 함께 보내온 '그들'끼리 함께 보내온 입장에서 입장에서는 나는 그저 약간의 필요에 의해 굴러들어 온 '용병'일 뿐이었다. 한참 대학 후배인 전 모 팀장이 어느 날 나에게 말했다.

"자꾸 그러시면 우리 쪽에 못 섞이십니다!"

신입 공채들 입장에서는 나 같은 경력직은 달갑지 않은 것이고, 혼자서 열심히 해봤자 주변에 민폐만 끼칠 뿐이니 조용히 지내라는 의미였다.

나는 방송사 PD에서부터 사업팀장, 인터넷 포털 운영, SI 개발팀장, 엔터테인먼트 상장사의 그룹 전략기획실장까지 두루 거쳤던 경험이 있다. 사업을 보는 눈은 그룹사 회장급의 시각을 가졌다고 자평하고, 그에 걸맞는 회계와 법률과 사업 안목이 있다고 생각해 왔다. 그러나 여기서는 그러한 시각은 대단히 위험하다. 여기는 이른 바, '튀는 사람'을 싫어하는 조직 분위기라는 것이다. 동갑내기 동료가 내게 말했다.

"송 부장님~ 여기는 팀원이고 팀장이고 다 소용 없어요. 다 자기 직무 따라 가는 겁니다. 자기만의 일을 쥐세요! 저도 교육사업 쥐고 나니 아무도 터치 안하잖아요! 여기는 일순간 팀장이 팀원 되고, 팀원이 다음해 팀장 되는 조직입니다. 상무도 다 소용 없어요! 파리 목숨입니다. 자기 일 찾아서 손에 쥐시고, 남는 시간에 미래를 계획 하세요~ 여기, 말처럼 정년 쉽지 않습니다!"

보통은 팀장 하던 사람을 팀원으로 앉히고, 팀원을 그 바로 부서의 팀장으로 앉히면 보통의 조직 같으면 팀장으로 내려 앉혀진 사람은 퇴사하고 만다. 그러나 내가 있던 통신 대기업에서는 매년 그러한 일이 자주 발생하고 있는 것 같았다. 내가 본 것만 해도 9년간 5~6건이 되니 말이다.

나이가 50을 바라보면서 직장 내에서 이러한 일들이 예사롭게 보이지 않았다. 팀장에서 평 팀원으로 내려앉는 경우도 그러하지만, 팀장에서 상무보로 승진하는 경우도 그리 많지 않을 뿐 아니라, 상무보에서 정식 상무로 승진하는 경우는 더더욱 적어서 10%라는 설, 7%라는 설까지 난무했다. 자기는 악어 밥이 되지 않을 거라 믿고 외나무다리를 건너가지만, 대부분은 외나무다리 중간에서 악어 밥이 되는 처절함이 내 눈에는 보였다.

어떤 이는 퇴직을 하고 가야 하는 상무보 자리가 두려워서 그냥 평 부장으로 오래 가는 것을 택하기도 한다고 했다. 말 그대로 빨대 부장이다. 물속에 잠겨서 빨대로 숨만 쉬며 죽을 날(은퇴일)만 기다리는 형국이다. 자녀 교육비며 아파트 할부금이며 선택의 여지가 없는 이들의 말로다.

내가 그토록 간절히 원했던 대기업에서 나의 업무는 무척이나 단조로웠다. 일주일 5일 중 5일을 사무실에 앉아 있어야 한다. 아무도 만나러 오지도, 아무도 만나러 외부에 나가지도 않는다. 내가 과거 직장에서 하루 오전이면 할 일을 이 회사는 일주일 내내, 아니 한달 내내 하고 있었다. 현 직장에 오기까지 내가 모아 온 명함이 9천 장에 달하는데, 이 회사에 들어와서 모아 온 명함이라곤 9년간 30장이 채 되지 않았다.

나는 점점 할 수 있는 일이 줄어들고, 점점 외부로부터 단절되며, 점점 이 조직에 의존도가 높아지고 있었다. 실력으로 평가 받지 못하고, 조직의 구성원으로 필요에 따라 여기 끼워졌다, 다시 저기 끼워지는 식이다. 이것이 반복되면 점점 무력해지고, 그 무력함은 나태함과 타협하게 된다. 그리고 어느 덧, 현실에 안주하게 된다.

'내가 이제 나이 마흔 넘어 더 이상 어딜 취직하겠어?'
'마누라가 이혼하자고 할걸?'
'자식새끼도 태어났는데, 내가 이러면 안 되지…'

나는 어느 샌가, 그 남들이 부러워하는 통신사의 <u>끄트</u>머리 실오라기 끈을 놓치지 않기 위해 발악을 하며 남아있는 힘을 쥐어짜며 까치발을 들고서 있었다.

비빔밥 벌이
인생

나는 대한민국에서 꽤 괜찮은 직장인이었다고 생각한다. 대학을 졸업하자마자 무려 430대 1의 경쟁률을 뚫고 방송사 공채 1기 PD로 취직을 했고, 그다음에는 지상파 방송사에서 팀장까지, 그리고 대기업을 거쳐 마지막에는 모두가 가고 싶어 하는 국내 굴지의 기간 통신 대기업에서 9년이나 장기근속을 하며 부장까지 했으니, 그래도 대한민국 취업 바닥에서는 나름 성공한 몸종 아니겠는가?

어느 날 문득, 나는 생각을 하게 되었다.

'내가 첫 직장에서 받은 월급이 얼마였지?'

아마, 실 수령액 기준으로 약 120만 원 정도였던 것 같다. 당시는 1995년

이었고, 나는 친구들이 부러워하는 좋은 직장에 취직한 행운아였다. 비빔밥이 2500원이었던 것으로 기억한다.

내가 마지막으로 근무했던 대한민국 최고의 기간 통신사업자인 ○○통신사에서 부장으로 근무하며 받은 월급은 실 수령액으로 약 430만 원 가량이었다. 작년 4월에 퇴직하였으니 한 해 사이에 큰 변화야 있었겠는가?

작년에 광화문에서 비빔밥이 보통 8000원 정도 했고, 심한 곳은 만 원까지도 갔던 것 같다. 1995년과 2017년을 비교해 보면, 나는 월급이 120만 원에서 430만 원으로 약 3.5배 올랐고, 그 사이, 비빔밥은 2500원에서 8000원으로 약 3.2배 올랐다. 지난 22년 동안, 나는 고작 비빔밥 한 그릇의 가치만을 꾸준히 벌어 온 셈이다. 아니 뭐, 계란 후라이 정도 더 벌은 셈이다….

분명히 학교에서는 공부 열심히 하면 집도 사고, 돈도 벌고, 예쁜 아내와 토끼 같은 애들 낳아서 좋은 자동차 타고 다닌다고 배웠던 것 같은데, 나는 지난 22년 동안 비빔밥만을 벌어 왔다니? 그 비빔밥 한 숟가락 잘라내서, 하루 세 끼 먹을 거 두 끼 먹어 가며 아끼고 빚내어 아파트 사고, 할부로 자동차 굴리고, 한 달에 십만 원 넘게 핸드폰 값 물어가며 살아 온 것이다.

더욱이 한심한 것은 옛날에는 그 비빔밥을 혼자 먹었다는 것이다. 그러나 이제는 그 비빔밥을 아내와 아들, 딸, 그리고 연로하신 노모까지 총 5명이 나눠 먹어야 하는 것이 현실이다. 분명, 열심히 살면 부자가 된다고 학교에서 배운 것 같은데? 갑자기 쌍 팔 년도 대학가에서 부르던 투쟁가가 떠올랐다.

"너희는 조금씩 갚아 먹지만, 우리는 한꺼번에 되찾으리라~."

무언가 잘못됐다. 이건 아니다.

나는 그 동안 내가 부르주아, 내지는 보수, 혹은, 가진 자, 기득권 세력인 줄 알았던 것 같다. 나는 학교에서 공부 잘하고, 열심히 노력해서 대기업에 취직하여 잘 버티면 성공하는 줄 알았다. 아니었다. 나는 그냥, 가난하고 순진한 도시 노동자였던 것이다.

직장인에서
자본가로

며칠 전 택시를 탔을 때, 환갑은 훨씬 넘어 보이시는 기사님이 이런 말씀을 하셨던 것이 떠올랐다.

"요즘은 돈이 값을 못 혀~. 우리 처음 택시기사 할 때, 그 때는 한 사람만 벌어도 세 집을 먹여 살려 부렀어! 우리 집이랑 삼촌네랑, 이모네까정…"

얼마 전, 신문에 이런 기사가 났다.

'○○그룹 모 회장은 지난해 순이익으로 배당금을 3천억 원을 받게 되었다…'

왜 시간이 지날수록 돈 값은 떨어지고 자본가는 가만히 있어도 돈이 쌓일까? 그렇다면, 자본가는 누구이고, 자본가가 될 수 있는 방법은 무엇일까? 생각은 그렇게 꼬리를 물었다. 누군가가 부자가 되는 것이 나에게는 나쁜 일은 아니라고 생각을 해왔다. 사실은 우리가 학교에서 그렇게 배운 것이다. '남을 헐뜯지 말자!' 그런데 실은 남이 잘되면 나에게는 안 좋은 것이다.

직장인들은 급여가 1년에 5% 오르기 어렵다. 그저 금리 인상분을 쫓아만 가주어도 성공한 것이다. 10억짜리 아파트를 사려면 1년에 1억씩 모아도 10년이 걸린다. 한 달에 1천만 원 저금해야 한다. 한 달에 300만 원 벌기도 바쁜데, 어찌 1천만 원을 그것도 적금을 부으랴? 그런데 10억짜리 아파트를 가지고 있다면 잘하면 1년에 5천~1억도 오른다. 일반 직장인 1년 연봉이 그냥 나오는 거다. 산술급수적이란 표현과 기하급수적이란 표현이 이럴 때 필요하다. 이것이 자본의 논리다.

내 아버지는 서울 올라와 자수성가하여 서울에 올라와 살았는데, 그의 아들인 나는 지금 서울에 못 산다. 그리고 나는 옛날에는 당당하게 친구들에게 비빔밥도 잘 사줬는데, 지금은 커피 값에도 부들부들 떤다. (그래, 커피가 비싸기 때문이다! 빙고~) 어떻게, 왜 이런 상황이 돼 버렸나? 상대적으로 빈곤해진 것이다!

자본가들은 돈 버는 속도가 우리와 다르다. S그룹 L모 회장님은 병원에 가만히 누워 계셔도 1년에 배당금을 700억을 받고 계신데, 그 돈은 사실, 종업원들이 열심히 일해서 모아드린 것이다. 1년에 적금 100만 원 들기도 벅찬 인생과, 자본이 있다는 이유 하나만으로 매년 700억이 불어나는 인생은 근본적으로 차이가 크다. 노력하고 있다면, 그 인생은 이미 피곤한 인생인 것이다.

努力. 애를 쓰고, 힘을 들이는 것. 당연 피곤할 밖에… (최근에는 젊은 구직자 사이에서 '노오력'이란 단어가 유행한다고 들었다. 노력을 해서 안 되면, 더 '오래' 노력하라는 뜻이란다. 노오력! 슬프다.)

우리는 지금껏 학교에서 열심히 공부하면 행복하게 산다고 배워왔다. 그러나 어떻게 하면 돈을 모아 자본을 형성하고 그것을 통해 자본가로 거듭나는 지에 대해서는 그 누구에게서도 배움을 얻은 바가 없다. 오히려 돈돈돈 하면 수전노! 속물! 혹은, 발랑 까진 놈, 가정교육이 안 된 놈으로 치부받기 십상이다.

김지하 시인은 이렇게 말했다.

'밥은 하늘이다.'

농경사회에서는 밥=쌀이 생명을 유지시키는 중요한 요소이자, 하늘의 뜻(기후)에 따라 변화무쌍한, 즉 인간이 콘트롤할 수 없는 변수가 존재하는 것이다. 하여, 깊은 숭상의 마음으로 곡식을 대하고, 이를 혼자의 잘남이 아닌 하늘이 내린 복으로 깊이 인식하여 추수한 밥을 온 이웃과 함께 나누어 먹어야 함을 강조한 것이리라(오랜만에 시평을 하려니 힘들다).

현대에서 밥=돈이다. 현대사회는 모두가 농사를 짓지는 않는다. 대신 돈을 가지고 마트에 가서 쌀을 사고 반찬과 고기를 산다. 그냥 식당에 가서 사 먹거나 요즘은 배달도 대세다. 즉 먹고 살려면 돈이 필요한 것이다. 그런데 돈을 돌처럼 보아서야 되겠는가? 현대 사회는 돈이 하늘이다.

큰 부자는 하늘이 내리는 것이다. 노력한다고 되는 것이 아니다. 그러나 아무 것도 하지 않으면 아무 일도 일어나지 않는다. 그래서 뭐든 해봐야 하는데, 힘은 최소로 들면서 효과는 최대로 나는 그런 일을 해야 한다는 것이다. 축구 게임을 하려면 축구 룰을 알아야 한다. 자본시장에서 게임을 하려는데 룰을 모르고 뛰어들면 '개미가 죽었네~ 어쩌네~'의 주인공이 될 수밖에 없다. 지금 당신이 하고 있는 일이 엄청 힘들다면, 이미 당신이 하고 있는 일은 방향성이 잘못되었다는 방증이다. 바람을 잘 타고 있다면, 물살을 잘 타고 있다면 노를 젓지 않아도 배는 순풍순풍 잘 나아갈 것이기 때문이다.

50대 퇴직으로
청년 일자리 창출?

청년일자리 창출을 위해 50대의 은퇴를 가속화시키자는 의견이 나왔다. TV CF에서는 나이든 아버지가 젊은 아들에게 직장을 양보하는 모습이 아름답게 그려졌다. 기업체에서는 임금 피크제를 논의하며 집에 갈 때가 가까워 올수록 연봉이 낮아지고, 이는 다시 퇴직금에도 영향을 미쳐, 결국 조기 은퇴만이 그나마 자투리처럼 남은 인생 마지막 노잣돈을 지키는 길이라 생각하도록 압박해왔다.

그런데 한번 생각을 해보라! 요즘 50대들은 옛날처럼 장가를 일찍 가던 세대들은 아니다. 83~88학번들은 학교 마치고 군대 다녀와서 직장 한두 번 재수하면 벌써 나이 서른이고, 3~4년 직장 적응해서 대리급에 장가들면 이미 나이 33~35세다. 2~3년의 신혼을 보내다 아이를 갖게 되년 나이 오십에 첫 애가 빨라야 고3이다. 즉 회사에서 자리 빼줄 때쯤이 내 인생에서 가장 돈 많이 들어가기 시작할 시기란 거다!

저자는 나이 마흔 둘에 결혼해서 마흔 셋에 첫 아들을 낳았고, 지금 나이 딱 오십인데, 아들놈이 내년에야 초등학교 간다고 한다. 아찔하다. 환갑 지나 진갑 때 아들이 대학 입학이니 말이다.

청년 실업도 중요하게 해결해야 할 과제이지만, 나이든 가장의 일자리도 이에 못지않게 중요하지 않을까? 그 청년(30세)이 20년 후면 바로 현재의 나의 상태(50세)가 되기 때문이다. 인생 금방이다!

필자도 나이 오십이 되어보니, 내 일신 하나의 문제만이 아니다. 아내와 아들과 딸은 물론이고, 친가 쪽 모친, 처가 쪽 장모(양쪽 부친들은 모두 돌아가셨다), 그리고 외조모님까지 생존해 계셔서 이따금씩 신경 쓸 일들이 적지 않다. 내가 챙겨야 할 가족이 최소 3~4팀이란 이야기다. 다 돈 들 일 뿐이다. 다시 말해, 요즘의 은퇴 예정자들은 '이제 모두 다 이루었으니 가히 족하도다~' 수준의 사람들이 아니란 이야기다. 오히려 퇴직 압박과 불안한 미래, 치솟기만 하는 물가 속에서 쭈그러들 만큼 쭈그러든, 불쌍하기 그지없는 신세가 대부분이다.

우리의 아버지 세대는 기업체에서 수년간 일하다 은퇴, 혹은 몇 년만 다니다 퇴사를 해도 자그마한 소규모 사업꺼리 하나쯤은 챙겨서 나올 수 있었다. 건설사에 다니다가 퇴사하면 모래라도 납품할 수 있었고, 통신사에서 퇴직하면 핸드폰 대리점이라도 하나 시작해볼 꿈을 꿀 수 있었다. 최근에는 대부분의 대기업들이 퇴직자가 현직자와 접촉하는 것 자체를 금기시하고 있다. 전관예우나 밀착거래의 의혹에 휘말릴 것을 우려한 기업체들의 정책 때문이다. 퇴직자는 이제 전 직장 동료와 소주 한잔도 마음대로 할 수 없는 처지에 내 몰린지 오래다.

자존심을 지켜가며 후배들에게 떳떳한 선배가 되고 전 직장에 신세 지지 않는 퇴직자가 되기 위해서는 오로지 내가 잘되는 길 밖에는 없다! 새롭게 더 좋은 직장, 더 높은 직위에 재취업 하거나, 보란 듯이 대박 창업을 하여 '사장님'이 되는 길 외에는 방법이 없다(냉정하게 이야기해서, 재취업은 상기의 프로세스를 한 타임 더 돌린다는 의미일 뿐 종국에는 또 다시 창업으로 내 몰릴 수밖에 없다. 그 때는 이미 다리 힘도 풀리고, 눈도 더 침침해 져서 온전한 판단력조차 유지하기 어려워 진 상태일 수 있다).

이 책은 취업이 안 돼서 어쩔 수 없이 자영업자가 될 수밖에 없는 젊은 '청년'들을 위한 책이기도 하지만, 우리 시대가 나이 오십이 넘어서면서 더 이상 취직에만 의존할 수 없는 현실에 직면한 '노땅' 어르신들을 위한 창업 지침서이기도 하다. 50대에 은퇴한 직장인이든 60대에 은퇴한 공무원이든 모두들 이제는 나이 80~90이 넘어 죽을 것이기 때문에 최소 10~20년은 자력으로 돈을 벌어야 한다는 대명제가 우리 앞에 떡~하니 버티고 있기 때문이다.

이력서, 자기 소개서 작성법

• 이력서 작성 시 유의 사항

1. 경력은 최신순으로 년도, 회사명, 부서명, 직급을 적는다.
2. 반드시 해당 부서에서의 자신의 역할과 성과를 간략히 강조한다.
3. 학력도 경력과 같은 요령으로 기재하되, 신입일 경우, 학교생활에서 경험한 강조점을 잘 요약한다.
4. 자격증 및 특이사항도 표현하되, 자신이 지원하는 회사 및 업무와 관련하여 강조한다.
5. 사진은 실물과 차이가 많이 날 경우, 신뢰도 점수에 마이너스가 될 수 있으므로 주의한다. (여성분들 '뽀샵'에 특히 유의!)

• 자기 소개서 작성 시 유의 사항

1. 자신의 능력이 지원하는 회사 및 부서에 적합하다는 것을 소구한다.
2. 따라서 지원동기와 포부는 합격의 당락을 결정짓는다.
3. 절대로 부정적인 단어는 사용하지 않는다. 겸손이 아니다.
4. 어린 시절 나열형 소개서는 마이너스 점수 대상이다.
5. 해외여행 간 이야기, 어학연수 받은 이야기는 이미 상투적이다.
6. 자신의 장점(특히, 업무적 가능성)을 요약 정리하여 제시하면 합격 가능성이 급격히 높아진다.

    * 이력서는 과거의 History이므로 불변이라는 생각은 버린다. 자신이 지원하는 회사 및 업무에 따라 과거의 학력과 경력은 재정렬이 가능하다. 지원하는 회사와 부서에 맞게 강조점을 튜닝하자! 자기 소개서에서 면접은 이미 그 결과가 결정된다고 생각하면 된다. 사전 면접이라고 생각하고 성심껏 작성해야 한다.
    특히, 이력서와 자기소개서는 지원자의 문서작업 능력과 구술능력 등을 미리 평가할 수 있는 시료로 쓰이므로 띄어쓰기, 맞춤법, 표현력 등에 특히 신경 쓰도록 하자!

면접 실패 10대 꼴불견

• 기업 인사담당자들이 생각하는 최악의 지원자는 과연 누구일까?

1. 자기가 지원하는 회사나 부서에 대해 아무런 정보도 없는 사람
2. 자기의 업무적 장점 및 단점을 서술하지 못하는 사람
3. 자신의 능력이나 경력을 허위 혹은 과장하여 표현하는 사람
4. 노출이 심한 옷이나 지나치게 편안한? 복장으로 임하는 사람
5. 면접에 지각하거나 아예 갑작스럽게 일정 변경을 요구하는 사람
6. 지나치게 자신감 없거나 부정적인 단어들만 나열하는 사람
7. 지나치게 과한 연봉이나 터무니없는 조건을 요구하는 사람
8. 다니던 직장을 정리하는데 오랜 기간(두 달 이상) 소요된다는 사람
9. 이직이 잦은 사람
10. 회사에 대해 질문이 전혀 없는(무관심한) 사람

2장

어떻게 창업을
준비할 것인가?

창의력은
무엇인가?

얼마 전, TV에서 명지대 김정운 교수가 《에디톨로지》라는 자신의 새 책에 대해 설명하는 것을 보았다. 자신이 독일에서 유학할 때 느꼈던 독일인들의 카드 정리 습관을 사례로 들며 창조는 일종의 편집 행위, 혹은 지식의 교차 적용이라고 주장하였다. 일견 설득력이 있었다.

창조란, 전에는 '없었던' 것이 이제는 '있는' 상태가 된 것을 말한다. 종교를 믿는 신앙인들은 인간은 신이 창조했다고 한다. 그렇다면 그 인간을 만든 신은 누가 만든 것인가? 일단 여기에서부터 막힌다. 과학자들은 우주는 힉스입자(Higgs Boson)로부터 나온 것이며, 이것이 '무'에서 '유'가 창조된 것이라 설명한다. 아직 그 누구도 힉스입자에 대해 증명한 바가 없으며,

힉스 입자 이전에는 무엇이 있었는지에 대해 설명할 수 있는 사람 또한 현재로서는 없다. 이 책은 종교나 과학 서적이 아니고 사업에 대한 가벼운 담론을 다루는 것이 목적이니만치 현재로서는 해답을 찾을 길 없는 '창조'에 함몰되지 말고, 범위를 다소 좁혀 인간 의식의 새로운 번득임, 즉 '창의'에 초점을 맞추어 보자.

그렇다면 '창의'란 과연 무엇일까? 전에는 없었던 '생각'을 새롭게 해냈을 때 우리는 창의라고 한다. 그리고 그것이 새로운 아이디어, 새로운 개념, 새로운 알고리즘, 새로운 프로세스, 새로운 학문, 새로운 철학으로 우리네 세상을 전보다 더 낫게 바꾸어 줄 것으로 믿고 칭찬하고 격려하며 커다란 희망으로 기대해 마지않는다. 그런 '창의'를 해낼 수 있는 힘! 즉 '창의력'이야말로 이 세상을 변화시킬 원동력이며, 그런 힘을 가진 사람은 그 어떠한 재벌도 부럽지 않은 위대한 사업가가 되기에 충분하다고 우리는 믿어왔다. 멀리는 에디슨에서 가까이는 빌게이츠나 스티브 잡스 등이 우리가 손쉽게 꼽는 창의력 만랩의 사업가들임에 그 누구도 의심치 않을 것이다.

나는 인간 역시 물질로 이루어져 있으며, 고로 인간의 뇌는 외부 자극에 대해 반응하는 단백질과 지방질 및 그 신경계의 총체라 생각한다. 우리가 고교 생물시간에 배운 단세포 생물 플라나리아의 빛에 대한 반응은 생명체가 외부 자극에 어떻게 반응하는가를 보여주는 좋은 예다.

인간은 수억 개, 아니, 수조 개의 세포로 이루어진 복합 생명체이기 때문에 보다 복잡한 외부 자극에 보다 복잡한 양상으로 다양하게 반응한다. 눈, 코, 입, 귀는 물론, 피부와 오장육부의 센서들이 각각의 연결된 신경망을 통해 실시간으로 뇌로 정보를 전달한다. 뇌에서는 현재 입력되고 있는 복잡다단한 센서정보와 과거에 이미 기록되어 있던 Old정보를 서로 버무린 후, 그 사람 특유의 유전적 특성(즉 성격, 성향, 기질, 선호도 등)과 후천적 특성(좋았던 기억, 트라우마 등) 등의 반응 프로세스에 따라 결과 값을 도출해낸다. 다시 말해, 인간은 외부정보의 Input을 자신의 뇌로 Processing하여 판단 및 행동이라고 하는 Result 값을 낸다는 것이 나의 가설이다.

물론, 인간을 전산 프로세스 로직을 따르는 컴퓨터로 보는 시각이라는 비판을 피할 수 없다. 그러나 나의 창의력에 대한 요체는 많은 지식과 경험을 받아들인 사람이 그렇지 않은 사람보다 창의력이 더 뛰어날 수 있다는 점을 강조하고 싶은 것이다. 어릴 때부터 많은 곳을 여행 다니고 다양한 음식을 먹어보고 연극과 오페라와 콘서트를 관람해 보고 실제로 피아노와 기타와 바이올린을 접해 본 사람이 그렇지 않은 사람보다 더 많은 감각과 감동을 가져봤을 것은 당연하다. 가슴 아픈 연애를 해보고 죽음의 전장에서 전투를 해본 사람은 인생에 대해 바라보는 관점이 다를 것이다. 경차에서부터 페라리, 롤스로이스까지를 섭렵해 본 자동차 마니아는 어떤 자동차가 미래의 도로를 달리게 될 지에 대해 예측할 수 있을 것이다. '고기도 먹어 본 놈이 먹는다.'란 옛 말처럼, 사업도 해본 놈이 하는 것이다. 대기업에서 25년간 경력을 쌓고 은퇴한 상무와 이제 대학 갓 졸업하고 창업한 사람 중에 누가 더 성공 가능성이 높을지에 대해서는 논쟁의 여지가 있을 수 없다. 창의력의 기본은 다양한 지식과 경험의 Input-내재화다. 많이 보고, 느끼고, 부딪쳐 본 사람이 더 많은 경우의 수(결과 값)를 예측할 가능성이 높다.

이렇게 지식과 경험을 다양하게 우리의 뇌에 Input 했다면, 그것을 Processing 해야 한다. 정보를 알고리즘을 가지고 처리해야 하는 것이다.

여기에서 사람마다 다른 처리 방식이 드러난다. 머리가 좋은 사람과 그렇지 않은 사람이 구별되고, 성격이 급한 사람과 느긋한 사람이 차이를 보인다. 똑같은 문제라 하더라도 대단히 감성적으로 처리하는 사람과 무뚝뚝하고 냉정한 이성으로만 정리해 버리는 사람을 우리는 자주 목격해 왔다.

나는 '창의'란 외부 정보의 Input을 자기 고유의 알고리즘으로 Processing 하는 것이라 본다. 창의력이 뛰어난 사람은 발달된 센서를 가진, 예민한 사람일 경우가 많다. '발달된 센서'란 예컨대, 시력이 좋아서 더 선명하게 보기보다는 눈에 들어오는 정보를 더 많이 파악하는 능력이라고 할 수 있다.

똑같은 상황이라도 그것을 느끼는 정도가 사람마다 매우 현격하게 다르다는 것을 나는 최근 알게 되었다. 회사 Y씨와 식당엘 갔는데, 나의 눈에는 그 식당 입구의 화분이 보였고, 그래서 나는 그 식당이 개업한 지 오래지 않은 사실을 파악할 수 있었으나, Y씨는 화분이 있었다는 사실 자체를 파악하지 못했다. 시력의 문제가 아니라, 시각정보의 수용 능력(혹은 감도,

Sensitiveness) 자체가 차이가 있는 것이었다.

창의력이 뛰어난 사람은 응용력이 뛰어난 사람이라고 할 수 있다. 응용력이란 무엇일까? 그것은 본질에 대한 이해가 가능할 때 나오는 것이다. 본질에 대한 이해란, 그 물질과 현상이 가지는 해체된 '핵심 알맹이'가 무엇인지를 파악하는 것이다. 펌프가 액체를 저지대에서 고지대로 끌어 올리는 것이 본질임을 이해하는 사람이라면, 그 액체가 물이든 휘발유든 펌프로서의 본질에 맞게 응용할 수 있다. 농장의 워터펌프를 뜯어서 가솔린 자동차의 연료펌프로 적용하는 것처럼 말이다. 창의다!

선풍기 프로펠러와 선박의 스크류는 본질은 같으나 응용분야가 다른 것이다. 컴퓨터의 핵심이 되는 반도체 또한 선대의 모스부호에서 영감을 이어 받은 또 다른 응용분야이다. 창의다!

많은 정보를 보다 민감하게 수용할 수 있어야 하며, 그 집합된 정보를 근본 원리로 분석하고 해체한 후, 그것을 새로운 환경에서 합리적 조합을 할 수 있는 능력이 창의이고 이는 재차, 응용으로 확대 발현된다.

여기서 상상력이란 것도 잠시 살펴 볼 필요가 있다. 창의력, 상상력, 응용력... 서로 상호작용을 하는 동류들이다. 상상력은 그림을 그려내는 힘이다. 시각적 영상을 머릿속에 떠 올리는 일이다. 우리는 단 한 번도 보지 못했던 것을 영상화 할 순 없다. 꿈 역시도 언젠가 한번쯤 보았던 영상들의 또 다른 조합이다. 像(상. 그림)을 그려내는(想. 상) 상상력은 창의력을 촉진 시키고 구체화 시킨다.

역으로 창의력은 상상력을 더욱 풍부하게 만든다. 더 다양하고 현란한 시각화를 가능케 한다. 서로 상호작용이 분명히 있다.

다만, 여기서 한 가지 우리가 짚고 넘어갔으면 하는 한 가지가 있다.

세상은 넓고 급변하며, 우리네 삶은 한정되어 있다. 관심사를 좁혀야 성공할 수 있다는 말이다.

우리 인류는 선대들의 지식과 경험을 '책'이란 형태로 집접해 놓았고, 그것은 컴퓨터처럼 한 순간에 우리의 뇌에 저장되는 것이 아니기 때문에 자신의 관심 범위를 좁히지 않으면 전 세계의 모든 책을 다 읽다가 인생이 저물지도 모른다.

박사는 넓을 박(博)자를 쓰지만, 실은 깊을 심(深)자를 쓴 심사가 더 정확한 표현일 수 있는데, 박사는 자기 분야에서 특정 영역을 남들보다 깊이 있게 탐구한 사람이지, 이것저것 모든 것을 다 알고 있는 검색 포털사이트 는 아니란 점 기억해 두자.

요즘 '덕후(오다꾸)'가 뜨고 있는 것도 이러한 경향 때문은 아닐까?

핵심역량을
발견하라

핵심역량(core competency)에 대해 아주 쉽고 간단히 요약해보겠다.

"1990년 미시간대학 비즈니스스쿨의 프라할라드(C.K. Prahalad) 교수와 런던 비즈니스 스쿨의 게리 하멜(Gary Hamel) 교수에 의하여 발표된 이론으로, 경쟁과 기술의 신속한 변화로 시장에 대한 정확한 예측이 날로 어려워지면서…"

블라블라 떠들면 매우 지적인 것 같고 매우 배운 티가 나며 좀 있어 보이겠지만, 그런 허세는 좀 떨쳐 버리자! 별 거 아니다…

먼저, 자신이 살아 온 기간을 백지에 쭈욱~ 나열해보자. 언제 태어났고 언제 학교에 들어갔고 현재는 어떻고… 그런 다음, 주요 이벤트들을 표기해보자. 성공한 것들, 실패한 것들, 가슴 아팠던 일들, 자랑스럽거나 기뻤던 일들….

그렇게 주요 이벤트들이 나열되었으면, 그 일이 가능하게 되었던 원동력을 적어 보자. 예컨대, 체력이 좋았기 때문이었다든가 미술적 감각이 뛰어나서, 혹은 후각이 좋아서, 진득하게 책상을 지키는 끈기 때문에 등등 그것이 나의 핵심역량이다. 성공을 가능케 하는 힘, 남들에겐 없는 나만의 동력, 그것이 핵심역량이다.

이것은 기업체도 마찬가지다. 삼성전자, KT, 현대 등 대기업은 물론, 벌레 잡는 기업, 배달을 아주 잘 하는 기업, 전 세계 호텔 가격을 한눈에 비교해 주는 기업 등등도 상기와 같은 방식으로 핵심역량을 분류해낸다. 여기에 성공이나 실패 포인트 시기와 그 시기 주변 여건, 시대의 분위기, 시류를 접합시켜서 분석해보면 나와 세상이 어떻게 호흡하며 핵심역량이 성공으로 발현되는지를 한눈에 볼 수 있다.

내가 직장생활을 하는 동안, 미디어 빅뱅이 시작되어 CATV가 출범했고, DMB가 세상에 나타났으며, 인터넷 포털이란 것이 부흥하며 세상이 개벽하는 것처럼 천지를 뒤흔들었다. 그리고 IPTV라는 것이 CATV와 차별화를 주장하며 통신사를 중심으로 패러다임을 Shift시키며 모든 미디어를 스마트폰으로 흡수해 버렸다. 도레미레코드, 오아시스레코드, 서울음반 등의 음악사업도 멜론이나 지니뮤직 같은 디지털 앞에 무릎을 꿇고 말았다. 나의 그 '무엇'은 이들 미디어의 변화 때마다, 내가 그 분야에서 일할 수 있게 이끌었다.

나의 그 무엇? 즉 핵심역량은 '억척스러움(?)'과 '준비성'이다. 남들은 포기하는 것을 포기하지 않고, 남들이 면접 때 빈손으로 갈 때 나는 그 회사 분석서를 500페이지 들고 가는 억척스러운 준비성. 그런 면이 나의 핵심 역량이다.

나를 알면 절반은 성공한 것이다. 지피지기면 백전백승! 선인의 말 틀린 것 없다. 창업을 앞둔 분들께 여쭙고 싶다.

"당신의 핵심역량은 과연 무엇인지요?"

성공 아이템을
찾아라

성공 아이템을 찾아라!

그거 찾았으면 지금 책이나 쓰고 있겠는가? 벌써 빌게이츠 제치고 전용 제트기로 해외여행 다니기 바쁠 텐데. 창업에 있어서 가장 중요한 것은 아이템 선정이다. 그거 하나로 인생 끝난 거다.

모든 암을 주스 한 잔으로 완쾌시키는 신비의 심해 해조류를 발견했다거나, 절대로 표면이 긁히지 않는 초고경도 자동차용 페인트를 발명했다거나, 철원에 수만 평 아파트 분양사업을 시작했더니 한반도가 통일되어 철원이 남북한의 통일 수도가 되었다는~류의 거대 행운 정도라면 성공 아이템임에 틀림없다.

새롭게, 그것도 피치 못해 사업을 시작하는 사장님들이 과연 성공 아이템이란 것을 손에 쥘 확률은 얼마나 될까? 나는 오히려, 실패 가능성이 적은 아이템을 선정하시라고 조언 드리고 싶다. 자신이 가장 잘 아는 분야를 선택하고, 그것이 잘못되더라도 손해가 가장 적은 아이템을 고르라고 말씀 드리고 싶다.

예컨대, 나는 모형비행기를 35년간 취미로 해왔다. 비행기도 잘 만들 뿐 아니라, 엔진이며 기체며 부속품들의 메이커와 품질, 가격도 웬만큼 꿰고 있다. 안 팔리면 학생들 가르치는 교육 사업으로 전환해도 되고, 농가에서 모형헬기로 농약 뿌리는 일을 해도 되고, 그도 아니면 그냥 취미로 내가 날려도 된다. 직업에 대한 이해도가 있다보니 대안이 몇 가지 보인다는 이야기다. 붕어빵 장사가 그날 붕어빵이 안 팔리고 재고가 남으면 그날 저녁은 온 가족이 붕어빵을 저녁밥으로 먹는다는 슬픈 이야기와 같다. 하지만 그만큼 창업은 위험한 일이다. 때문에 리스크를 최소로 줄여야 한다. 무턱대고 일 벌이면 망한다는 점 꼭 기억하자!

앞에서 다루었던 핵심역량을 기억하실 줄 안다. 자기가 가장 잘 할 수 있고, 가장 재미를 느끼는 일이 바로 핵심역량을 발휘할 수 있는 일이다. 도상훈련 편에서도 다음 장에 나오는 도상훈련 편에서도 언급하겠지만, 사업은 대책이 사라진 순간 망하게 되어 있다. 내가 핵심역량을 발휘할 수 있는 일이란 것은 그것이 스스로 대책과 대안을 가장 잘 만들어낼 수 있는 분야라는 의미이기도 하다(사실 사업에서는 대안이 없는 순간 파산! 폐업이기 때문에 대안의 마련은 죽고 사는 생사의 이슈다. 대표이사나 경영주는 이러한 대안을 만드는 자리이고 그렇기 때문에 경영에 책임을 지는 만큼 권한과 보상도 크게 주어지는 것이다).

자기가 가장 잘할 수 있는 분야를 사업 아이템으로 선정하였다면, 좀 더 구체적으로 그 아이템의 성장 가능성을 판단해볼 필요가 있다. 내가 평소 보쌈을 좋아해서 보쌈집을 사업 분야로 선정했다고 치자. 그 보쌈으로 맛집에 등극하는 것은 노력으로 가능할 수 있겠으나, 글로벌 체인점으로 확산하는 일은 또 다른 일이다.

손 세차장 사업의 경우, 용역 베이스의 일이기 때문에 사업이 확장되면 인력에 대한 관리와 그 비용이 함께 증가하므로 기업가치가 상승하지는 않는다. MMORPG 등의 온라인 게임회사는 일단 개발하여 마케팅만 원만히 완료되면 그 이후로는 고액의 추가비용 없이 매출과 순이익이 증가한다. 순익률이 통상 30%가 넘기 때문에 이른바, PER(Price Earing Ratio)가 높다. 기업가치가 급상승한다.

아이템을 선정할 때, 리스크는 최소로 하되 (미래를 꿈꾸지 않을 수 없으므로) 하면 할수록 복잡도가 높아지는 사업은 피하는 것이 좋다. 명서《부자 아빠, 가난한 아빠》를 필독하시길 추천 드린다.

이 책을 간단히 요약하자면 A라는 사람과 B라는 사람이 있었는데, 미국의 어느 도시의 물 공급 사업권을 땄다. A는 냉큼 트럭을 구매하고 운전수와 인부를 구해서 그 도시에 물을 공급했다. 발 빠른 대응에 도시도 시민도 만족했다. A는 트럭과 운전수와 인부를 더 증가 배치하여 더 많은 물을 공급했고 돈도 많이 벌었다. 그런데 트럭이 10대가 되고, 100대가 되면서 노조가 생기고 각종 교통사고로 손해가 발생했고, 각 가정별 미수금 관리도 어려웠다. A는 결국, 망하게 되었다.

B는 도시 물 공급권을 딴 후, 1년이 넘도록 사업을 시작하지 못했다. 공급권을 가지고 투자유치 설명회를 개최해 투자자를 설득했고, 그렇게 모아진 돈으로 초대형 파이프를 그 도시의 지하 곳곳에 매설할 수 있었다. 수도꼭지만 틀면 물이 공급되었으므로 주말에는 쉴 수도 있었다. 당신의 창업은 어느 쪽에 가까운가?

급하다고 A가 되는 우를 범하지 마시길.

과녁도 나도 움직인다

어느 날, 회사의 Y모 임원에게 물었다.

"사업이란 무엇이라고 생각합니까?"

Y씨가 대답했다.

"사업은 과녁에 활을 쏘는 것과 같다고 생각합니다. 목표를 분명히 정하고 그 목표를 향해 노력하면 분명히 성공한다고 생각합니다."

참으로 교과서스러운 답변이다. Y씨는 항상 아무 생각 없이 사는 사람이고 늘상 내가 원할 것 같은 답을 예상해서 그에 맞춰 답변을 하는 스타일이다. '열심히 하면 성공한다'는 이데올로기는 새마을운동 때 익히 들어 잘 알고 있다. 새벽종이 울리고, 부지런히 마당 쓸고, 쉴 새 없이 공장 미싱 돌리고…

나는 이렇게 답했다.

"사업은 반듯이 서서 고정된 과녁에 활을 쏘는 것과는 전혀 다르다고 생각합니다. 당연히 과녁도 움직일테니, 오히려 크레이 사격에 가깝겠죠! 움직이는 접시를 순간적으로 맞추는 크레이 사격 말입니다.

그리고 좀 더 정확히 말한다면, 내가 서 있는 위치도 바뀝니다. 목표물도 움직이고, 나도 움직인다는 말입니다. 달리는 말 위에서 훨훨 날아가는 새를 화살로 맞추어야 한다는 것이지요! 게다가 바람까지 변덕을 부리고, 비까지 오락가락 하며, 내가 타고 달리는 말의 컨디션도 함께 고려해야 하고요… 말이 달리면서 진흙 구덩이에 발이 삐끗할 수도 있고, 돌 뿌리에 채여 앞으로 꼬꾸라질 수도 있는 것이니까요. 화살도 내가 쏜 그대로 날아간다는 보장이 없고요.

더 웃긴 것은 그렇게 어렵게 해서 날아가는 꿩을 맞추었다 합시다. 마침, 그 밑에 지나던 늑대가 그 화살에 맞고 떨어진 꿩을 냉큼 물어 달아나 버리면 사냥꾼과 말과 사냥개는 하루를 허탕친 셈이 되겠군요. 그렇죠?"

Y씨는 아무런 말을 못했다. 앞에서 창의력에 대해 이야기 한 바처럼 사람은 Input 된 정보를 바탕으로 그것을 자신의 뇌에서 Processing하고, 그 결과로 Output을 도출, 즉 판단과 행동을 만들어 내는 것이다.

심심풀이 삼아, 조감도처럼 하얀색 백지 위에 나를 가져다 놓아보자. 중앙에 나를 그려 놓고 나와 가장 중요한 사람, 혹은 거래처를 그려 넣어보자. 그리고 그 거래처에 근무하는 나의 담당자를 점으로 표시해보자. 나의 회사와 관련해서는 임원과 직원들을 점으로 표시하고, 여기에 현재 제품과 관련된 각종 변수들을 표시해보자. 그런 후, 이것들이 움직이는 방향을 화살표로 표시해보자. 서로가 서로에게 미치는 영향을 실선으로 연결해보자. 그다음, 시간의 흐름에 따라 이 평면 조감도가 어떻게 입체화 될 수 있는 지 상상해보자.

시장분석이 따로 있는 것이 아니고, 자사의 핵심역량을 어렵게 생각할 것도 없다. 내가 어떤 상태이고 뭘 쥐고 있고 뭘 버려야 하며 나를 돕거나 훼방 놓는 세력들은 어떻게 포진해 있으며 나를 둘러 싼 그 모든 것이 상황과 시간에 따라 어떻게 변화하고 있는지를 파악할 수 있으면 된다.

우리 지구는 태양을 중심으로 돌고 있다고 하지만, 최근 천문학자들에 따르면 태양과 지구와 달은 단 한 번도 같은 공간을 반복해 위치한 적이 없다고 한다. 태양계 자체가 소용돌이치며 저 먼 우주공간으로 궤적을 그리며 날아가고 있기 때문이라고 한다.

내 사업을 둘러 싼 모든 변화가 공간 축과 시간 축으로 구성되어 하나의 정육면체 큐브 속에서 벌떼들이 나아 다니 듯 소용돌이치는 모습이 그려지지 않는다면 나는 현재 내 사업에 대해 정확히 파악하고 있지 못한 것이다.

가벼워야
오래 뜬다

한 20년 전쯤이다. 방송사에서 신규 사업을 기획할 때였다. 목동의 C학원 원장을 만난 적이 있다. 그는 타 학원들과는 달리 학원 프랜차이즈 사업을 할 때 자신이 직접 대출을 얻어서 건물을 매입하여 분점 사장에게 다시 세를 주는 형태를 취했다고 한다.

사장들은 낯선 학원사업을 처음 시작하면서 가장 큰 부담일 수 있는 부동산(학원 교실) 문제가 해결되니 가볍게 사업에 진출할 수 있었고, 모든 열정을 수업에만 몰두할 수 있어서 좋았다고 한다. 그런데 10여년이 지나자 매입한 건물의 부동산 가격이 급상승했고, 20년 전 내가 만났을 때는 그로 인해 700억 원대의 자산을 보유한 상태였다. 그가 바라보는 사업이란 이

랬다.

"사업은 흐르는 물을 거스르는 배와 같아서 한시라도 노를 젓지 않으면 그 배는 뒤로 밀리고 밀려, 폭포 아래로 떨어지고 맙니다."

사업은 마음을 놓을 수 없는 것이란 의미다. 하루하루 정진하고 매진하지 않으면, 아니, 방심하고 교만에 빠지면 일순간 모든 것이 파멸된다는 경계였다. 나는 그의 말을 20년이 지난 지금도 뇌 속 한 켠 저장소에 새기고 있다.

나는 모형비행기가 취미다. 곰곰이 생각해보면 C학원장의 '물살을 거스르는 배'의 비유보다는 비행기가 사업의 특성을 설명하는데 더 적절해 보인다. 일단 비행기는 가벼워야 한다. 비행기가 무거워지면 많은 부분에서 부담이 증가한다. 비행기가 무거워지면, 이 기체를 받칠 수 있는 양력이 필요하다. 즉 날개가 커져야 하는데, 날개가 커지면 따라서 엔진 출력도 높아져야 한다. 엔진 출력이 높아지려면 배기량이 높은 엔진을 얹어야 하는데 그러려면 엔진 무게도 함께 증가해야 하고, 이 높은 배기량을 충족시킬만한 연료탱크의 증가도 필연적이다. 다시 말해, 비행기가 다시 또 무거워지는 악순환에 빠지게 된다는 이야기다. 해외여행을 갈 때 가방의 무게를 제한하는 이유를 알만도 하다.

매해 5월이면 연례행사로 치러지는 모형항공기 대회에서 한 때 이변이 발생한 일이 있다. 서울에서 띄워 올린 글라이더가 경기도 이천에서 발견된 것이다. 시간으로도 무려 8시간이 넘게 활공을 한 것이고, 거리로도 120km나 더 멀리 날아간 것이었다. 기류를 잘 타고 올라 간 글라이더는 아무런 동력이 없이 자유 활공을 통해 멀리멀리, 그야말로, 자유롭게 훨훨 딴 동네까지 날아간 것이었다.

사업도 마찬가지다. 사업은 가벼울수록 유리한 경우가 많다. 직원은 최소한으로 운영하고 가급적 외주로 돌리는 것이 좋다. 사무실은 월세와 관리비와 특히 주차비가 적게 들수록 좋다(내가 지금 쓰고 있는 이 사무실은 내가 분양 받은 내 사무실이니 상관없다고? 아니다! 그 사무실을 팔거나 세를 주고 나는 월세 싼 곳을 얻는 게 더 이득일 수 있다).

인건비, 임차료, 관리비 등의 고정비가 많을수록 이를 커버하기 위해서는 매출이 더 커져야 한다. 엔진이 커져야 하는 것이다. 매출이 더 커지려면 영업비와 판관비가 함께 상승해야 한다. 거래처가 많아지면 A/S에 문제가 생기거나 수금에서 크게 펑크날 가능성이 더욱 높아진다.

글라이더가 제트기류를 타면 동력 없이도 멀리멀리 날아갈 수 있는 것처럼 사업도 시류를 잘 타면 별다른 노력 없이도 급상승할 수 있다. 어쩌면 운칠기삼이란 이야기도 이 때문에 나온 것일 수 있다(나는 심지어, 운칠기삼이 아니라 운 99% 기 1%라고 보기도 한다). 내가 지금 하고 있는 사업이 무척 힘들게 느껴진다면 한번쯤 다시 생각해봐야 한다. 내가 지금 방향을 거꾸로 잡고 바람에 맞서서 엔진 과부하를 일으켜가며 저항하고 있는 것은 아닌지?

한 가지 더! 무조건 비행기가 가벼워야만 한다는 것은 아니란 점을 추가로 설명하고 싶다. 사업이란 것이 단순히 비행기 글라이더로만 설명되는 것은 아니기 때문이다. 사업은 가끔 로켓과 같은 행태를 보이기도 한다고 나는 생각한다. 특히, 비자본가에서 자본가로 Shift up하는 경우는 더더욱 설득력이 높다.

나에게 자본가는 지구 대기권 밖에서 유영하는 위성과 같은 존재처럼 느껴진다. 그들은 그리 큰 힘을 들이지 않고 이른바 '관성'만으로도 충분히 자신의 궤적을 그리며 움직이고 있기 때문이다.

우주 탐사선 '주노'의 경우, 1초에 73.6km의 속도로 무중력 공간을 날아간다고 한다. 지구 대기권 안에서 음속(마하)은 웬만한 전투기로도 쉽지 않은 이야기인데 말이다. 인공위성이나 우주 탐사선이 되기 위해서는 우선 대기권을 벗어나야 한다. 로켓을 쏘아 지구 대기권을 벗어나게 하려면 지상에서부터 약 80km 가량을 날아가야 하는데, 약7분 가량의 시간이 소요되고, 속도도 마하20이 넘어야 한다고 한다. 당연, 그 때까지 퍼부어 대야 하는 연료의 양은 어마어마하다.

최근 북한의 미사일 실험을 보면 알 수 있듯이, 미사일을 멀리 쏘기 위해서는 미사일의 크기가 점점 더 커지는 것을 알 수 있다. 미국을 공격할 수 있는 대륙 간 탄도 미사일이 되려면 일단 대기권을 벗어난 후 우주 공간에서 이동한 다음, 재진입을 해야 한다고 한다. 장난감 폭죽은 추력이 작아서

10층 아파트 높이 이상 올라가질 않는다.

미사일이 커지면 무게도 늘어나고, 엔진 추력도 함께 높아져야 한다. 대기권을 돌파할 가장 최적의 무게와 연료량과 엔진 추력을 맞추는 것이 기술이고 노하우고 과학이겠다.

자본가의 대열에 합류하기 위해서는 그 목표에 도달할 수 있는 최적의 사업 아이템과 그 아이템을 지원해 줄 충분한 자금이 필요하다. 길거리 구두닦이 아이템으로 글로벌 그룹사를 만들기에는 투자자를 설득하고 협력사를 모집하고 직원을 채용하고 교육하는 데 투입되는 시간과 노력이 만만치 않을 것이다(어떤 위대한 사업가가 구두닦이 체인점을 글로벌 프랜차이즈 사업으로 성공시킬지도 모르니, 함부로 단정 짓기는 조심스럽다).

따라서 사업 아이템은 발전 가능성이 있어야 하고 어느 정도 적정 규모가 예측되어야 한다. 투자자들에게 매력적이기 위해서는 매출의 규모도 일정 규모 이상이 되어야 하는데, 이를 위해서 인력 규모와 영업비용 등의 고정비도 함께 상승될 것이다. 이 규모와 비용, 그리고 투자가 밸런스를 잘 맞추어진다면 당신은 우주공간에서 방귀만 뀌어도 음속으로 유영하는 위성, 혹은, 우주탐사선이 될 것임에 틀림없다.

당신을 일반 월급쟁이에서 탈피하여 우주 자유유영의 자본가로 면모시켜 줄 사업의 아이템과 동력은 무엇인가?

도상 훈련만이
살 길이다

　한미연합 군사훈련 이야기가 아니다. 강 건너는 훈련이 아니라 그림 위에서 하는 훈련, 글로 하는 훈련, 즉 실전 전에 머릿속에서 시뮬레이션을 충분히 하라는 의미이다. 가능한 벌어질 수 있는 최대한의 경우의 수를 나열해 보는 것이다.

　1안, 2안, 3안...

　1안에서 Y/N...

　1안의 Y에서 그 다음은 A/B/C 등...

마치 컴퓨터 순서도처럼, 나무의 트리구조로 가정들이 뻗어져 나가야 한다. 사업은 최선으로만 할 수는 없다. 차선책, 3선책, 4선책이 있어야 한다. 보통은 차선책 정도만 준비하지만 적어도 3선책, 4선책까지 있어야만 한다. 냉정히 말하면, 대책이 없는 순간 그 기업은 망하는 거다. 따라서 더이상 대책이 없다고 말하지 말고, 어떻게든 대책을 만들어 내야 한다는 절박함을 가져야 한다.

'이 정도면 됐지~',

'이 이상 어떤 문제가 발생하겠어?',

'설마 그렇게까지 될라고?'

된다. 설마가 사람 잡는 일이 매일매일 벌어지는 곳이 사업장이다. 당황하지 않으려면 항상 머릿속에 대책이 핑글핑글 돌고 있어야 한다. 문제점만 지적하며 대안 없는 불평불만으로만 가득 찬 직원들과는 달라야 사장님이다.

우리들 대부분은 '구조주의적' 사고방식을 가지고 있는 것 같다. 목표를 세우고, 설계를 하고, 틀을 만들고… 스트럭쳐(Structure)를 짜고 난 후에 거기에 필요한 요소들을 채워넣는 식이다. 나도 내가 구조주의적 사고를 하는 사람이라고 생각하며 살아 왔다. 박사과정을 밟던 중 국제정치학 수업에 담당 교수께서 "송명빈 씨는 구성주의자 입니다!"라고 지적하기 전까지는 말이다.

구조주의와 구성주의는 다르다. 대한민국 교육은 대체로 구조주의적 접근법이 합리적이고 무언가를 이루기 위해 최적의 합리성을 가지는 사고체계라고 받아들이는 것 같다. 뼈대가 있어야 하고, 그 다음에 살이 붙는 것은 당연해 보인다.

그러나 내 생각은 다르다. 사업을 하는 사람들, 특히 별로 가진 게 없이 어쩔 수 없이 창업으로 내몰린 사람들에게 이른바 '계획'과 이를 위한 '추진체계'는 그저 아름다운 이야기일 뿐이다.

누가 그걸 몰라서 못하는 것이겠는가? 요즘 미국의 테슬라가 유행시키고 있듯 우리도 '자율주행 전기 자동차 사업'을 새롭게 창업한다고 생각해 보자. 사업계획서를 작성하고, 전문 인력을 뽑고, 공장을 설립하고, 판매망을 확보하고, 광고도 찍어서 TV와 인터넷에 홍보하고, 국내 및 해외에 수출도 하고… 물론 투자도 수천억 받고 말이다. 국가가 시행하는 계획에 내가 그것을 시행하는 공무원으로 참여한다면 말 그대로 모든 것이 이루어질지 모른다(사실, 공무원도 어렵다고 본다). 그러나 현실에서는 목표대로 모든 것이 이루어지지는 않는다. 계획대로 다 진행된다면 전 세계에 사업 망해먹는 사장님들이 왜 있겠는가? 그래서 나는 내가 구성주의자인 것이 다행스럽다고 생각하고, 나의 구성주의적 접근법이 새롭게 창업하는 대다수의 사장님들께 가장 적합한 접근 방법이라고 나는 자평한다.

내가 손에 무엇을 쥐었는가를 아는 것부터 시작하자가 나의 '주의'(ism)이다. 내가 가지고 있는 것을 토대로 그것으로 밑동부터 지붕까지 구성해 나아가는 것이다. 경우에 따라 뼈대가 없을 수도 있다. 살 덩어리 위에 다시 살 덩어리가 얹혀서 건축물을 구성하는 형태가 구성주의라고 말하면 좀 쉽게 이해할 수 있을 것이다. 내가 손에 쥐지 않은 것을 구하려 애쓰지 말고, 내가 손에 쥔 것을 어떻게 최적화하여 최상의 퍼포먼스를 해낼 것인가를 고민하는 것이 더 중요할 수 있다.

그러려면 우선, 나부터 분석해야 한다. 내가 어떤 사람인 지부터 알아야 한다. 나의 성격, 성향, 장점, 단점을 냉정하게 파악해야 한다. 내가 가장 잘 할 수 있는 것이 무엇인지? 내가 가장 못 견디는 포인트는 어떤 것인지를 잘 알아야 한다. 물론, 대안도 함께 말이다. 내가 최악의 상태가 되었을 때, 그것을 견디게 할 수 있는 회피 방안, 조력자, 차선 및 3선책 말이다.

다음으로는 나의 인맥을 체크해 보자. 나를 둘러 싼 선배, 후배, 친구, 스승, 제자, 이웃, 거래처, 부모와 처가, 동호회와 각종 모임도 포함이다. 그들의 어떤 역량이 나에게 힘들 보태줄 수 있을지 분석해 보자. 그리고 그들이 어느 정도의 성의(?)로 나를 도와줄지에 대해서도 판단해 보아야 한다. 아무리 돈 많은 재벌 2세가 내 동창이라고 해도, 그 친구가 내게 쫄면 한 그릇 사줄 성의가 없는 친구라면 그냥 남보다 못하다고 보면 된다. 가난하고 무능한 후배라도 내가 위기에 처해 있을 때 휴가라도 내고 내 사업을 도와줄 수 있는 후배라면 그 후배는 나한테만큼은 인생의 은인인 것이다.

그다음 내가 가진 자산을 점검해보자. 부채도 자산임을 잊지 말자! 대출도 능력이 있어야 내준다. 빚을 포함하여 내가 가지고 있는 모든 유동, 부동 자산을 열거해 보자. 아파트, 자동차부터, 적금, 예금, 펀드, 증권… 신용카드 한도까지도 자산에 들어간다. 신용카드 한도가 월 800만 원이라면 나는 자산 능력에 이 800만 원을 추가할 수 있다. 총 자산이 얼마이며, 이 중 부채는 얼마이고, 이자는 얼마가 나가는지 알아놓아야 한다.

여기까지 되었다면, 이제는 현재 준비중인 사업을 종이 위에 간단히 그림으로 그려보자. 간단하게 한 장의 그림으로 설명이 된다면 매우 좋은 사업이다. 사실 한 장으로 설명되지 않는 사업이란 없다. '(무엇을)판다.' '(돈을)번다.' 두 문장으로도 설명되지 않는가?

한 장의 그림으로 설명이 가능하다는 것은 내가 그 사업의 본질을 이미 꿰뚫고 있다는 의미다. 자기가 하는 사업에 대해 본질을 모르는 사람이 있을 수 있냐고? 대부분은 자기가 뭘 하는지도 모르고 사업을 하는 사람들이 많다. 의외로 말이다.

한 장의 그림으로 사업의 구조를 그려 넣었다면, 다음으로 그 사업을 둘러싼 환경을 분석해본다. 내가 어떤 여건에서 사업을 하는지? 나를 둘러싼 주변은 어떻게 움직이고 있고, 나는 이러한 변화들 속에서 어떻게 이득을 취하고 어떻게 손실을 방어할 것인지 상상해보는 것이다.

사업은 공부가 아니다.

내가 대기업들을 겪으면서 목격한 것은 석박사 나왔다고 하는 팀, 부장들이 윗사람을 상대로 사기 치는 짓이었다. 시장조사라고 1~2주를 조사하고 경쟁사 분석이라고 비싼 외부컨설팅 자료 모아서는 두 세 달의 시간을 소요하여 본부장, 사장에게 보고하는 사업계획서, 혹은 분석서는 대부분이 허무맹랑한 '자기만족 상상화'였다.

　"저는 이렇게 생각합니다.", "이 사업은 느낌상 잘 될 것 같습니다.", "제가 경쟁사 가서 보니까 이 사업은 별로 재미가 없나봅니다."라고 하면 10분 만에 끝날 일을 무려 100일 가까이 투입하고 수백만 원의 기획료를 소진하고 나서는 한다는 말이 결국은 물에 물 탄 말이니 말이다. 대부분의 윗사람은 그 보고서에 항변을 하기가 어렵다. 왜냐면, 갖다 붙인 백 데이터들이 무시무시한 권위를 자랑하는 글로벌 컨설팅 기업의 증빙들이기 때문이다.

　그러나 실제로 사업 분석은 펜대 굴리는 분들의 예언대로 꼭 되는 것은 아니더라는 것이다. 정말 사업을 잘 하시는 분들은 '촉'이란 것이 있어서, 수백 장의 컨설팅 보고서보다도 단 1초간의 '감'으로 그 사업이 될지 안 될지를 판단해 버린다. 동물적 육감이라고 하지만, 실은 이 또한 신문방송학과의 '스키마' 이론에 이미 증명되어 있다. 모든 사람은 아무 생각이 없는 것 같지만, 길을 걷는 사소한 일에서조차 가장 최단거리로 가기 위해 뇌가 연산 작업을 한다는 이론이 그것이다.

　오히려 펜대 굴려 만든 허무맹랑한 컨설팅 보고서보다 더 복잡다단한 연산 작업을 통해 우리의 뇌가 그것을 분석하고 결과를 만들어내어 〈촉〉, 〈감〉이라는 결과 값으로 나타내 준다는 것이다.

스타워즈에도 나오지 않는가?
"포스를 믿어라!!"

자신의 '감빨'을 최대치로 끌어올리기 위해서는 다량의 정보를 뇌에 집어넣어야하고, 그것을 막연한 상태로 뇌 속에서 떠 돌게 하지 않기 위해서는 종이 위에 그것을 표현해 보고, 실제로 어떻게 변하면 어떻게 대응하면 좋을지에 대해 연습하고 또 연습하라는 것이다 경우의 수는 많으면 많을수록 좋다.

허세를 버리고
리스크를 줄여라

기본이 사람 잡는다.

"사업하는데, 사무실은 기본이지! 사무실이 번듯해야 사업이 잘 되지!"

그 말에 처음부터 도곡동 타워펠리스에서 사무실을 시작했다. 한 달에 월세 350만 원이 나갔다. 직원은 투자자 2명 포함, 나까지 4명이 고작이었다. 그다음으로 간 곳은 독산동 현대지식산업센터 빌딩이었다. 무척이나 번듯했고, 전망도 좋았다. 대표이사 유리방도 따로 있었고, 회의실도 무척이나 근사해 보였다.

결국, 그 방은 개발자 1명이 혼자 쓰며, 컵라면과 봉지커피 냄새만을 가득 채운 홀아비 독거 방처럼 운영되다가 10개월 만에 폐쇄됐다. 보증금 3000만 원에 월세 250만 원이었는데, 한창 더운 여름에는 전기세를 포함한 관리비가 120만 원까지 나오기도 했다.

또 사업 초기에 고문님들을 엄청 모셨다. 어디어디 기관장 출신, 어디어디 대표이사 출신… 그들과 함께 사진을 찍는 것 자체만으로도 내가 엄청 성공한 사업가처럼 보인다고 착각을 했던 것 같다.

처음에는 7~8명, 나중에는 12~20명을 초대해 일식집에서 비전선포식도 하고 기념품이라고 고급 선물도 뿌려댔다. 전문 도우미까지 서너 명 불러가며 오시는 주차부터 가시는 배웅 뒷모습까지 의전에 목숨 걸었다. 그분들 모두 어디 계신지 모른다. 사업에 아무런 도움 안 되셨다. 다시 말하지만, 기본이 사람 잡는다. 그 기본은 사람마다 천차 만별이고, 기준선은 그야말로 '그때그때 달라요~'다. 기본 따위는 애초부터 없었던 것이다.

지금은 이렇게 생각한다. '내가 살아 있다'는 것부터 시작하는 것이 기본 아닐까? 주변에서 펌프질하는 사람 있다면, 그 사람부터 멀리해야 한다. 아끼고, 헛돈 안 쓰고, 소탈하게 시작하는 것이 기본이다. 이 말이 궁상을 떨라는 의미는 절대 아니다. 라면 한 그릇을 대접하더라도 당당하게, 정갈하게 대접하면 된다. 당당하고 정갈하면서 궁상 떨지 않을 수 있는 방법을 찾는 것이 나는 창업자로서의 '기본'이라고 생각한다.

창업을 준비하는 사장님들에게 가장 두려운 '기본' 문제는 아무래도 사무실일 것이다. 직원이 많지 않다면, 나는 소호사무실을 권하고 싶다. 인터 넷을 검색해보면 주소지와 우편을 관리해주는 '주소지 서비스'부터, 한 달 30~50만 원에 보증금도 없이 방 한 칸을 내어주는 '오피스 렌탈'까지 훌륭 한 소호사무실이 많이 있다. 필요할 때 회의실도 빌려 쓸 수 있고 창업 초 기 현금 유동성을 확보할 수 있다.

그리고 요즘은 자신의 아파트를 주소지로 사업장을 개설하거나, 아예 사 무실 자체가 없는 온라인 사업자도 적지 않다. 각 지역별 세무서마다 사업 의 업태마다 자택을 주소지로 할 수 없는 경우도 있으니 이 부분은 사전에 반드시 확인이 필요하다.

사실 요즘 같이 온라인이 발달한 시대에 반드시 오프라인 매장, 혹은 사 무실이 있어야 한다는 발상은 접어 두는 것이 좋다. 최근 대기업들은 스마 트워킹이라고 해서 재택근무도 시행하고 있기 때문에 굳이 물리적으로 특 정 장소에 모여 업무를 보아야 한다는 생각은 구태가 아닐 수 없다. 무료, 혹은 초저가로 홈페이지도 개설이 가능하고, 오픈 마켓을 활용하면 자기 가 팔고 싶은 제품을 별도의 결제시스템이나 배송 시스템을 구축하지 않 더라도 팔아볼 수 있다.

창업을 하여 첫 1~2년은 많은 시행착오를 겪게 되는 시기인 만큼, 이 기 간에 구축된 많은 것들은 전부 새로 구축해야 할 수도 있다는 점 명심해야 한다. 중고차 구매해서 이러 저리 좌충우돌하며 운전을 잘 배운 후 운전이 자신 있을 때 고급 새 차 구매하는 심정으로 이해하면 빠르다.

법인을
만들자

　사업은 자기 돈으로 하는 것이 가장 좋다. 망해도 내가 망해먹는 것이고, 피해의 범위도 나 하나로 한정될 수 있다. 새 출발도 가볍다. 그런데 문제는 창업을 꿈꿀 때면 항상 내가 벌어 놓은 돈이 새로운 사업을 추진하기에 턱 없이 부족하다는 생각이 든다는 거다.

　내 권고는 그런 생각을 접으라는 것이다! 지금 내가 가진 돈으로 할 수 없는 사업이라면 그 사업은 내 몫의 사업이 아닐 가능성이 높다. 그림의 떡이니 잊어버리는 것이 정신 건강에 좋다. 10만 원짜리 길거리 좌판이라도 내 돈으로 시작해 볼 것을 추천 드린다. 괜히 마누라 쌈짓돈, 처갓집 적금에 연금까지 깨서 사업에 투입해 봤자 쏨쏨이만 헤퍼질 뿐 사업번창에 아무런 도움이 안 된다. 우선, 정신 상태부터 다지고 시작하자는 의미다!!

앞의 권고와는 전면으로 배치되는 이야기일 수도 있으나 아이러니컬하게도 사업은 내 돈으로 하는 것이 아니다. 정말 사업다운 사업이라면 남들이 먼저 알아보고 돈을 투자하려 줄을 선다. 남들에게는 매력적이지 않고 홀로 매력적이라고 느끼는 사업은 다시 생각해보아야 한다. 모두가 입을 모아 훌륭하다고 평가받는 대중적인 사업일 필요는 없겠으나, 적어도 게 중에 몇 명이라도 가능성에 대해 후한 점수를 주는 사람이 있는 사업이라야 한다(여기저기 돈을 꾸러 다니는 상황이라면 그 사업은 정말 다시 생각해보아야 한다).

요즘은 창업에 대해 정부가 다양한 지원정책을 시행하고 있기 때문에 종이에 기획서 20~30장만 잘 정리하면 초기 지원금 2000~3000만 원을 따내는 것은 그리 어려운 일이 아니다. 창업지원 과제라든가, 시제품 지원 과제 같은 것들이 과기정통부와 중소벤처기업부 등에서 쏟아져 나오고 있기 때문이다.

정부과제의 장점은 산출물을 정부가 소유하려 하지 않는다는 것이다. 말 그대로 좋은 기술, 좋은 제품이 있다면 국가 차원에서 이를 한번 만들어 보라고 숙제를 내주는 것이다. 국가는 그러한 기술이 대한민국 내에 존재하면 되었다고 만족할 뿐, 돈을 다시 받거나, 산출물에 대한 라이선스권을 주장하지도 않는다. 창업자 입장에서는 매우 훌륭한 자금이 아닐 수 없다.

초기 창업자 입장에서는 자본금도 빈약한 상태인데 여기에 엔젤투자를 몇천만원씩 받아버리면 뼈 빠지게 밤 새워가며 일은 자신(창업주)이 하는데 회사의 안방은 어느새 엔젤투자자가 차지하는 웃기지도 않는 형국이 되기 때문에 절대 주의해야 한다. 정부과제는 지분을 주지 않아도 되는 자금 확보 방안이므로 초기 창업자라면 반드시 거쳐야 할 관문이다.

초기 창업자를 위한 정부과제는 대체로 해당 사업의 가능성, 창의성에 배점을 크게 주기 때문에 자신의 사업 아이디어가 객관적으로 어떻게 평가되는지 판단해 볼 수 있는 좋은 기회이기도 하다.

엔젤투자는 말 그대로 초기 기업에 천사처럼 아무런 조건 없이 투자를 해 주는 것을 말한다. 엔젤투자를 소위 'Three F'라고 말한다.

1) Family   2) Friend   3) Foolish(Fan)

오죽하면 Foolish란 말이 나왔겠는가? 가족이거나 친구, 아니면 바보나 엔젤투자를 해준다는 말인데 그만큼 대부분의 엔젤투자는 원금 회수가 어렵다는 것을 강조하고 있다고 보면 된다.

그다음은 대출이다. 기술이 있다면 기술보증기금에서, 신용(매출, 순이익)

이 있다면 신용보증기금에서 좋은 조건으로 대출을 해준다. 초기 창업 기업은 은행권에서 대출이 안 되기 때문에 기보나 신보에서 대출을 받는 것은 좋은 방안이다. 기보나 신보는 대출을 위해 기업을 평가하기 때문에 이 과정에서 기업의 기술등급이나 신용등급이 나온다. 그래서 벤처기업 인증을 받기 위해 일부러 기보에서 대출을 받기도 하고, 향후 투자유치를 위한 법인 신용등급을 받기 위해 신보에서 대출을 받기도 한다. 창업 기업에게 대출은 단순히 돈을 빌린다는 개념보다는 자사의 가치나 신뢰도가 어느 정도 되는지를 평가받는 과정이라는 점에서 그 중요성이 있겠다. 이러한 절차 속에서 대부분의 창업주는 좌절을 맛보지만, 이를 극복해야만 성공 기업으로 성장할 수 있음을 강조하고 싶다.

벤처투자나 기관투자 등은 법인 설립 단계에서 언급할 이야기는 아니다. 사실, 기보와 신보도 창업단계에서는 꿈도 꿀 수 없는 이야기지만, 창업 이후 빠르면 1~2년 내에 가능할 수 있는 것들이라 조금 서둘러 언급한 측면이 있다. 우선 법인을 자신의 체력에 맞는 자본금으로 설립한 후, 정부과제를 통해 기본기를 다듬고, 엔젤투자나 은행권 대출을 통해 몸집을 키우는 과정으로 진행하는 것이 창업 초기에 추진할 수 있는 일들이다.

법인 설립 자본금은 100만 원부터 가능하지만, 자본금이 너무 작은 기업은 각종 제휴나 납품 시에 불리한 경우가 많다. 통상은 자본금 5천만 원이 일반적이고, 2천만 원 미만일 경우, 세무조사 등에서 소기업으로 혜택을 받을 수 있다. 자본금이 너무 커서 10억 이상일 경우는 외감(외부 감사) 대상이므로 이에 대해 유의해야 한다.

개인사업자로 등록하는 것과 법인사업자로 등록하는 것 중에 어느 것이 유리하냐고 질문하는 분들이 간혹 계신데, 비교적 명확하다.

개인사업자는 개인의 주민번호와 연동되기 때문에 모든 책임을 개인이 져야 한다. 반면, 법인사업자는 말 그대로 주식을 보유하고 있는 퍼센테이지 만큼만 해당 주주들이 책임을 지므로 대표이사라고 해서 모든 책임을 전부 떠안는 것은 아니다. 오히려 각종 계약으로 인한 책임으로부터 자유로우려면 개인사업자보다는 법인사업자가 유리할 수 있다는 이야기다(폐업하면 되니까…)

개인사업자와 법인사업자는 세금 문제 때문에 선택을 하는 경우가 많다. 개인사업자는 개인과 동일 선상에서 보기 때문에 세금신고 등에서 다소 자유롭고 간소화된 절차를 가진다. 하지만 통상 매출 3억 원이 넘으면 법인사업자가 세금 혜택에서 더 유리하다고 한다.

창업을 준비할 때 가장 먼저 '개인사업자'로 할 것인지?, '법인 사업자'로 시작할 것인지를 고민하게 된다. 일반적으로 회계사들은 연간 매출이 3억이 안 되는 경우는 개인사업자가 유리하고 그 이상일 경우는 법인, 즉 주식회사가 유리하다고 조언한다.

그러나 필자가 생각할 때 가장 큰 차이는, 개인사업자일 경우, '개인=회사'이기 때문에 사업을 하다가 문제가 생길 경우 개인이 죽기 전에는 폐업이란 방법을 선택하기가 쉽지 않다. 개인이 전부 물어내야 끝나는 경우가 다반사다.

특히, 세금 부분에서 개인사업자는 사업소득이란 이름으로 개인 명의의 세금이 부과된다. 그에 반해, '법인 사업자'는 주식회사의 장점을 취할 수 있다. 책임을 주주들이 나누어지게 되는 것이다. 회사가 망하더라도 자신이 출자한 지분만큼만 손해 보면 된다. 경영은 이사회가 수행한다. 이사회는 경영의 주체이므로 주주보다 더 높은 수준의 책임을 물게 된다.

세금은 법인세란 이름으로 법인 명의의 세금이 부과되며, 법인의 이익을 개인이 가져가는 방법은 주주는 배당으로, 대표자는 급여란 명목으로 가져가는 방법 외에는 없다. 배당은 배당소득세, 급여는 근로소득세가 부과된다.

법인설립 절차

1. 필수사항 결정
   ① 한글상호
   ② 영문상호
   ③ 자본금
   ④ 주소
   ⑤ 주주, 임원

2. 등기를 위한 필요한 서류 작성
   ① 정관
   ② 발기인총회회의록, 조사보고서, 주주명부, 주식청약서, 인수증, 취임승낙서, 법원신청서

3. 금융기관과 주민센터에서 필수서류 발급
   ① 잔고증명서
   ② 이사, 감사의 인감증명서, 주민등록등본, 인감도장
   ③ 주주 보통도장
   ④ 임원, 주주의 은행용 공인 증명서

법인설립 필요서류

① 발기인 대표 통장 명의 주금납입 증명서
② 발기인의 인감도장
③ 임원의 인감도장 및 인감증명서(발급 3개월 내의 것)
④ 주민등록초본 등

3장

멈추지 않는
전차의 가동

사업은
멈추지 않는 전차

　나는 대형 통신사 부장으로 근무하던 중, 아내가 생각해 낸 아이디어를 특허로 출원하면서 어느 결에 눈을 떠 보니 창업의 길로 들어서게 된 케이스다. 젊었을 때 여러 직장을 돌아다녀 봤고, 좋은 직장은 돈 많이 주는 곳이 아니라 오래 다닐 수 있는 곳이라는 확고부동의 신념(?)을 가지게 된 후, 대한민국 최고의 '철밥통'으로 알려진 그 통신사에 들어가 엉덩이 무겁게 9년을 다녔다.

　그러나 장난삼아 내본 특허가 워낙에 큰 이슈꺼리가 되다보니 주변에서 가만 놔두지를 않았고, 특히나 귀가 얇았던 나는 이리저리 파도에 휩쓸려 깊은 고민이나 뚜렷한 전략도 없이 법인을 세우고 경영인을 앉히고 솔루션 개발을 발주하며 사업을 진행하게 되었다.

당시 나는 큰 노력 없이 이러저러 일들이 순탄하게 시작되던 터라, 창업이나 경영이란 것이 뭐 딱히 그리 어렵지 않다는 생각이었고, 다니고 있는 직장도 항상 똑같은 일에 책상이나 지켜야 하는 일과였던 터라 답답함이 매우 컸었던 것 같다. 회사를 그만둘 생각에 평소 나의 사정을 잘 알고 있었던 R사 대표에게 조언을 구했다.

"저 지금 다니는 회사 관두고, 제 특허로 사업을 좀 제대로 해 보려고요."

R사 대표가 말했다.

"송 부장님, 사업은요. 멈추지 않는 거대한 전차와 같은 겁니다. 일단 시작하면요, 이 전차는 멈출 수가 없어요. 지금 당장 매출이 들어온다고 해서 직원 뽑아 놨는데, 어느 날 매출이 급감했다고 직원들 다 내보낼 수 있나요? 다시 회사 여건 좋아졌다고 떠나간 직원들 재 입사하라고 하면 기다렸다는 듯이 다시 와서 일하겠습니까?

그리고 회사는 고정비용이란 것이 있습니다. 사무실 임대료니, 관리비니, 식대, 교통비 등에 하다못해 인터넷 사용료 내는 것도 매월 부담입니다. 대표이사는요, 항상 여윳돈을 준비해 두어야 해요. 회사가 어렵더라도 1년은 버틸 수 있어야 해요. 저, 집 담보로 은행에서 돈 누차 빌렸습니다.

이 회사, 십수 년 오는 동안 저희 어머니 아파트 한 채 날아갔고요, 지금까지 한 20억 이상 까먹었어요. 기업가는요, 거지입니다. 속이 시~꺼멓죠! 사업하는 사람 똥은 개도 안 먹는다고 하잖아요. 기업가 정신이라는 거는 직원들 보살피고 생계유지하게 하면서 거기서 보람을 느끼는 거지, 돈 벌려고 하는 게 아닙니다. 경영주는 엑시트(Exit) 하기 전에는 돈 못 벌어요!"

사실 그 때는 그 말을 잘 몰랐던 것 같다. 그냥 자기 잘난 척? 볼 멘 소리? 힘들게 사업 오랜 기간 꾸려온 스스로에 대한 대견함? 혹은, 자기 엄마가 집 두세 채를 가진 부자란 것에 대한 간접 홍보? 뭐 그 정도로만 생각이 들었었다. 그러나 현재까지 사업을 6년간이나 지탱해 온 나의 입장에서 보면, 그때 인생 선배로서나 사업 선배로서 그 R사 대표의 조언을 들었어야 했다.

포장마차에도
경제학이 있다

　지금으로부터 약 10년 전쯤이다. 나는 집이 일산이어서 서초동에 있는
직장으로 출근하려면 새벽 7시에 자유로를 타야만 했다. 일산의 끝자락인
이산포 IC에서 자유로를 타고 내려오면 처음에는 차가 뻥~ 뚫리다가 행주
대교를 지나 서서히 정체, 가양대교부터 스트레스를 받기 시작해 불교방
송 앞에서 원효대교까지는 그야말로 원효대사의 불심을 이해하게 되는 코
스다. 교통체증의 고통을 인내하면서 종교란 불교든 기독교든 천주교든
위대하다는 것을 깨닫게 된다.

　처음에는 없었던 김밥집이 생겼다. 1500원에 쿠킹호일에 닥꽝이랑 덴뿌
라만 들어 간 밥을 김에 말아서 팔았다(단무지, 어묵이 옳은 우리말이다. 그런데

'닥꽝'과 '덴뿌라'라 표현해야 그 당시 느낌이 살 것 같다). 따뜻한 맛에 하나 사먹었다. 말이 좋아 직장인이지 현실은 결식아동인 나에겐 딱이었다.

그런데 이 김밥 장사가 하나 둘씩 더 생기기 시작을 하면서 아주 재미난 관전 포인트들이 생겨나기 시작했다. 2000원짜리 김밥이 새롭게 생기면서 100cc 플라스틱 병에 된장국을 함께 주는 집이 생긴 것이다. 김밥도 쿠킹 호일이 아니라 넓적한 스티로폼으로 된 도시락 통이었다. 차에서 밥알을 칠렐레 팔렐레~ 흘리지 않을 수 있었으며, 품격 있게 도시락통에서 이쑤시개로 한 알씩 김밥을 찍어서 입으로 가져다 넣을 수 있었다. 특히나 된 장국은 따끈한 정도가 아니라 뜨끈한 지경이어서 겨울철에는 이산포에서 가양대교까지의 30분 동안 온기가 남아 있는 국물을 즐길 수 있었다. 게다가 1회용 100cc 플라스틱 병은 자동차 속 컵홀더에 쏙 들어갔다. 자연히 그 김밥집으로만 가게 되었다.

자유로에서 김밥을 파는 일은 꽤나 쏠쏠했던 것 같았다. 처음에는 하나 둘 그저 도로 한 끝자락 갓길에 세워두었던 미니트럭 포장마차들이 점점 그 수가 늘어나기 시작했다. 처음에는 행주대교 전쯤에 김밥집이 시작되었었는데, 다음 김밥집은 행주대교보다 조금 전인 김포대교쯤에 터를 잡고 손님을 먼저 공략하기 시작했다. 신의 한수였다! 김밥집이 나타나길 고대하던 배고픈 새벽 운전자들은 행주대교까지 기다리지 않고, 기회는 '이때다!' 하고 바로 김밥을 사먹기 시작한 것이었다. 어찌 보면 참으로 얌체

전략이지만, 그 전략은 즉시적으로 적중해버렸다.

그러자 위치 경쟁은 점점 더 치열해져 갔다. 행주대교를 기점으로 김밥집들은 조금씩 조금씩 위로, 더 위로… 매일 출근 때마다 몇 백 미터씩 더 위쪽 장소를 선점하려 애를 쓰는 듯 했다. 그러더니 킨텍스 근처까지 김밥집이 들어 서기 시작했다. 영어 속담에 'The early bird catches the worm.' 일찍 일어난 새가 먹이를 잡는다고 했다. 일찍 일어나는 벌레는 새에게 잡아먹힌다. 세상 일? 교과서 아니다.

나중에 이산포 IC까지 올라 간 김밥집은 원천적으로 첫 손님부터 장악하려 포부를 가졌던 것 같았으나, 그 전략은 오히려 실패로 결론지어졌다. 이산포IC는 일산의 맨 끝이라 오히려 손님이 급감했던 것이다. 일산은 장항IC로 나오는 손님들이 가장 많았기 때문이다. 경쟁사와의 결투에서 승리하고픈 열정은 가상하였으나, 시장전략에서는 실패한 것이다. 손님이 없자 그 김밥 집은 밑으로도 못 내려오고, 그러다가 소리 소문 없이 사라져버리고 말았다.

당시 4~5곳이었던 김밥 집들은 이미 가격은 2000원으로 담합을 했었고, 포장도 넓적 스티로폼 도시락에 100cc 된장국 병으로 표준화되었기 때문에 제품의 차별화는 별로 없었다. 그러나 맛에는 상당한 차이가 있었다. 어떤 집은 김밥을 새벽에 말지 않고 전날 저녁에 말아 놓은 것이라 밥알이 꾸덕꾸덕했기 때문이다. 내 생각이 적중이라도 했던 것일까? 놀라운 일이 벌어지고야 말았다.

[새벽김밥]

떡~하니 간판이 걸렸다. 눈을 의심하지 않을 수 없었다. 1500원 김밥 시절에 자신 있게 2000원을 고수하시며 된장국과 스치로폼 도시락 통으로 김밥 품질의 차별화를 선언하셨던 그 아주머니가 자신의 아이덴티티를 확고부동하게 각인시키고자(꾸덕꾸덕한 전날 말아 놓은 재고 김밥과의 격차를 벌리시고자) 자신만의 브랜드를 창시하여 간판으로 내건 것이었다! 나는 박수를 치며 마음속으로 눈물을 닦을 수밖에 없었다.

'새벽김밥 만세!!'

많은 운전자들이 김포대교 인근 자유로 갓길에 터를 잡은 〈새벽김밥〉의 광팬이 되어가는 듯 했다.

잠시 재미난 이야기가 하나 더 생각난다. 당시 대부분은 라보나 다마스 같은 경차 트럭에 김밥을 팔거나, 심지어는 커다란 스티로폼 아이스박스에 김밥을 넣어 어깨에 메고 도로로 나와서 김밥을 팔았다. 그때 유독 눈에 띄는 김밥집이 하나 있었는데, 그 집은 자가용을 타고 나와서 트렁크를 열어놓고 김밥을 팔았다. 그 자가용은 그랜저였다.

물론 그랜저 중고차가 오히려 신형 경차보다 더 가격이 낮을 수도 있다. 그러나 이른 아침에 김밥을 거리에 나와서 파시는 분들은 대부분 경제적 어려움으로 매장도 없이 품팔이 하러 나오신 분일 거라는 인식이 우리 소비자들에게는 기본으로 깔려 있는 것은 어쩌면 당연한 이치 아닐까? 그 그랜저라는 고급의 브랜드와 길거리 김밥과는 그다지 매칭이 되지 않는다는 생각이 들었고, 솔직히는 조금 거부감까지 들었다.

'팔아주지 말자! 배부른 분이네…'

그렇게 자유로에는 김밥 집들이 일대 번성기를 맞고 있었다. 김밥에 이어, 유부초밥이 등장하였고, 라면에 우동까지… 그 일대는 고속도로 미니 휴게소처럼 골드러시를 자랑하고 있었다.

하지만 무엇이든 지나치면 독이 된다고 했던가? 어떤 사업이든 정부 규제 앞에서는 바람 앞의 촛불이라 했던가? 전성기를 구가하던 자유로 김밥 라인에 위기가 찾아오기 시작했다. 경찰이었다!

갓길에 아예 차를 주차해 놓고 김밥과 라면을 즐기는 여유로운 고객님들이 생기면서 자유로의 한 개 차선이 아예 주차장처럼 변해버리자 이를 더 이상 두고 볼 수 없었던 경찰이 나서기 시작한 것이다. 언성을 높이는 집, 굽실굽실 사정하는 집, 좌판과 포장을 접는 집… 지나치는 차장 밖으로 경찰과 김밥집의 풍광들이 눈에 들어왔다. 김밥을 사먹기가 부담스러워졌다.

그 사이에도 재미난 일들이 있었다. 어떤 집들은 서로 미리 정보를 알았는지 아침에 일제히 보이지 않았다. 경찰이 단속한다는 사실을 알았던 것 같았다. 모르고 김밥 좌판을 펼쳤던 집만 경찰과 실랑이를 하고 있었다.

단속 초기에는 저항도 있었고, 몰래몰래 다시 장사로 복귀하는 집도 있었다. 그러나 모든 사업은 정부정책에 앞설 수는 없다. 그렇게 일산 자유로의 김밥집 골드러시는 막을 내렸다.

제품 없이
사업 없다

제품. 매출을 일으키는 원동력이다. 정확히는 그것이 제품일 수도 있고, 서비스일 수도 있다. 형체가 있을 수도 있고, 없을 수도 있다는 이야기다.

산업혁명 이후, 물질이 매출의 표상이었다. 자동차든 라디오든 TV, 냉장고든 만들어 팔았고 소비는 미덕이었다. 그러나 정보사회에서는 반드시 매출이 물질을 팔았을 때만 발생되는 것은 아니란 인식이 확산되었다. 물론, 과거에도 무형에 기반한 매출들은 있었으나 대부분 용역형이었고 지식과 정보에 기반한, 고객의 즐거움과 편리함을 대상으로 한 용역은 상상하기 힘들었다.

최근 국내에서 발생된 가장 큰 이변 중에 하나는 단연코 〈카○○톡〉 서비스일 것이다. 기존에 핸드폰으로 문자가 오고 가던 것을 인터넷으로 메시지가 오고 가게 구성한 이 서비스는 사업 초창기에 투자자들에게 별로 매력적이지 않은 사업 아이템이었다고 한다.

"서비스는 알겠는데… 이거 뭘로 돈 벌어? 공짜로 퍼주는 거야?"

회원은 잔뜩 있고, 좋고 편리한 것은 알겠는데, 수익모델이 안 보였기 때문이다. 그래서 〈카○○톡〉도 처음에는 투자자 설득에 어려움이 많았던 것으로 알려지고 있다. 그러나 지금은 이 기업이 국내 거대 포털인 D사를 먹어버렸고, 이제는 국내 굴지의 1위인 N사를 위협하고 있다.

최근 들어, 기업은 제품을 팔아야만 돈을 번다는 패러다임이 바뀌기 시작한 것이다. 매출의 형태가 유형인 '제품'에서 무형인 '서비스'로 바뀌었다고 표현하는 것도 100% 일치하는 표현은 아닌 듯싶다. 당장의 매출보다는 그 매출의 원천인 '회원'을 확보하는 것에 더 포커스를 맞추었다고 표현하는 것이 보다 정확할 수 있고. 이러한 '회원'의 테두리 안에서 영속적인 서비스와 매출, 그리고 우리가 아직 예측하지 못하고 있는 미지의 무언가가 태동할 수 있도록 '생태계'를 구현하는, '더 높은 상위의 것'에 포커스를 맞추고 있다고 표현하는 것이 좀 더 명확하고 현상의 진실에 가까울 수 있겠다.

제품(서비스 포함)은 기업을 이끄는 원동력이다. 제품이 있어야 매출이 있고 매출이 있어야 수익이 발생하고 그 수익을 통해 직원이 살고 기업이 재투자를 하며 계속해서 앞으로 나아갈 수 있는 것이다. 지속가능 경영을 말하는 것이다. 제품은 그 기업의 '아이덴티티'이며 '존재 목적'이다. 제품은 고객과 만나는 'Interface(접점)'이며 소통의 'Media(매체)'이다.

따라서 품질과 가격은 합의가 가능한 선상에 존재해야 한다. 고객과 기업이 의견 일치가 되어야 한다는 점에서 혹자는 거래의 순간을 'The moment of the Truth(진실의 순간)'라고 칭하기도 하였다. 고객이 느끼는 가치와 기업이 제시한 가치가 일치해야 하기 때문이다.

이 부분 잘 살펴 볼 필요가 있다. 고객은 꼭 고품질을 원할 것이란 오소 독시를 버리란 의미다! 품질이 다소 쳐지더라도 가격이 현저히 낮다면, 고객은 그것을 선택할 수도 있다(우리는 회사 야유회 등에 종이접시나 포크 등 중국산 1회용품을 구입할 때, 품질보다는 가격을 최고의 선택 기준으로 삼기도 한다).

가격이 높다고 해서 반드시 저항이 클 것이란 것도 편견과 오해일 수 있다. 고가의 한정판매 상품이라든가, 매년 조금씩 가격이 오르는 R시계나 C가방은 이러한 사실을 증명해 주고 있다. 부유층 자녀들에게 호텔 수영장이 인기 있는 이유는 비록 고가이기는 하지만 시에서 운영하는 강변 시민 수영장보다 한가하고 덜 북적이기 때문이다. 그들은 기꺼이 고액을 지불한다. 고객이 기업의 전달을 충분히 이해하고 납득하였다면 진실의 순간은 결정될 것이다. 그런 면에서 거래는 '소통'의 또 다른 모습일지 모른다.

그리고 기업은 고객의 필요Needs를 잘 파악하고 예측하여야만 성공한다는 공식도 이미 깨진 지 오래다. 스티브 잡스는 오히려 고객을 따라가서는 안 된다고 지적하고 있다. 고객은 자기 자신이 무엇을 원하는지 모르고 있을 수도 있다고 역설하였는데, 이 말은 한번쯤 깊이 생각해 보아야 할 내용이다.

홈페이지는
회사의 얼굴이다

홈페이지는 회사의 얼굴이요, 제2의 IR(Investment Relation)이다. 고객과 거래처는 물론, 투자자들이 가장 먼저 찾는 것도 그 회사의 홈페이지이다. 사실, 필자의 경우도 어떤 회사가 궁금할 때 가장 먼저 하는 것이 인터넷 검색이다. 검색을 통해 홈페이지에 들어가서 살펴보는 것으로 그 회사에 대한 주도적 편견을 가져버린다.

홈페이지가 후지면 아무리 훌륭한 회사라고 떠벌려도 잘 믿겨지지가 않는다. 특히, 그 회사 홈피 게시판의 글이 최종 게재된 날짜가 3년 전이라면 그 회사는 망한 회사로 치부해 버린다. 게시판도 관리 안 되는 회사인데 오죽하겠는가?

역으로 잘 꾸며진 홈페이지는 믿음이 간다. 화려함으로 치장되어 무겁고 속도 느린 홈피보다는 간결하면서도 명료한 소개와 빠른 속도가 덧붙여진다면 합격점이다!

스타트업의 홈페이지가 가지는 가장 큰 문제는 N포털이나 D포털처럼 매일매일 새로움으로 변모하는 서비스 사이트가 아니라는 점이다. 간단하게 회사명과 주력사업과 주소, 연락처 정도를 소개한 것이 전부이기 때문에 그 회사 사장님도 자기 회사 홈페이지에 한 달에 한 번 들어가기 어렵다는 이야기다.

필자는 스타트업의 홈페이지는 메뉴가 많고 뎁쓰(Depth)가 깊은 것은 추천하지 않는다. 오히려, 깔끔하게 한 페이지로 두루마리처럼 내려 볼 수 있는 화면 구성이나(이 경우, 사진을 많이 사용하게 되면 첫 페이지가 로딩 되는데 시간이 많이 소요될 수 있으니 주의가 필요하다), 간략하게 상단에 메뉴 하나 당 한 페이지로 '회사 소개 / 제품 소개 / 특허 및 수상 / 게시판 / 찾아오시는 길' 형태로 보여주는 것을 추천한다.

필자가 본 홈페이지 중에 어떤 곳은 좌측 메뉴 옆에 엄지손톱만한 크기로 바람개비를 돌아가게 해두었는데, 그 액세서리 하나 때문에 그 회사가 잘 돌아 가고 있다는 느낌을 갖게 되었다. 참고할 만하다.

회사가 조금씩 역량을 얻어 가고, 투자나 M&A를 염두에 두고 있다면 홈페이지는 정말 중요한 요소로 강조된다. 기존에 간단하게 '오시는 길'을 반복하여 설명하기 귀찮아 만든 페이지가 아니게 된다.

정말 중요한 투자나 M&A는 비밀유지 약정서를 작성한 후에 공개하는 것이 원칙이기 때문에 아직 투자에 대해 심각하게 고민할 단계가 아닌 투자처나 심사역 입장에서는 간단한 회사 소개부터 받아서 검토한 후, 깊이 있는 얘기를 해보고 싶어한다.

경영주 입장에서도 마찬가지이다. 무턱대로 비밀유지 약정서를 써야만 회사 기밀을 보여줄 수 있다고 고수하고 싶지만, 상대방에게 깨씸하게 보일 것도 같고, 그렇다고 막 자료를 넘기자니 회사 기밀만 노출되고 아무것도 안 남을 것 같다.

이럴 때, 홈페이지는 아주 적절한 효력을 발휘한다. 회사의 자본금, 설립 연도와 같은 기초 정보에서 특허나 상훈, 기사와 같은 자랑거리도 페이지에 구애 없이 맘껏 표현할 수 있다. 그리고 조심스럽게 자사 제품의 전략적 방향성이나 투자 이후의 확산 계획 등에 대해서도 맛보기로 알려 줄 수 있다. 요즘은 유O브를 통해 동영상으로 회사 소개 영상을 얹어 놓는 경우도 많다. 홈페이지에 링크만 걸어 놓으면 상대방이 동영상 플레이어를 따로 깔지 않더라도 시청이 가능하다. 좋은 세상이다!

끝으로 홈페이지 하나로 회사를 크게 키운 케이스 하나를 소개하겠다. 벌레 잡는 것을 사업 모델로 하는 '세O코'라는 기업이다. 정말 하잘 것 없는 질문에도 성실히 답변하는 것으로 입소문이 나면서 이 회사는 큰 홍보 효과를 거두었다.

Q : "국회에 우글대는 해충은 어떻게 퇴치합니까?"

A : "저희로서도 처음 보는 해충인 만큼 샘플을 채취해 보내주시면 현미경 등 각종 장비로 분석해 박멸법을 개발해보겠습니다"

세금 모르면 앞으로 남고
뒤로 까진다

　직장생활을 하면서는 세금에 대해 별로 생각해 본 적이 없었다. 내가 발버둥친다고 덜 낼 세금도 아니고, 그렇다고 TV에 나오는 유명인처럼 세금을 얼마를 냈네~ 성실 납세자로 표창을 받았네~ 할 만큼 벌이가 신통한 것도 아니었기 때문이다.

　사업을 하는 지금도 그닥 잘 벌고 있지는 않다. 그런데 세금은 정말로 신경 쓰이고 걱정되고 두려운 존재다. TV에 방영되는 〈38 기동대〉(체납세금 환수 부서)의 맹활약에는 조세 정의가 실현되어야 한다며 분통을 터져하던 나였다. 그러나 지금은 생각이 복잡하다.

기본적으로 모든 돈의 움직임에는 세금이 발생한다. 왼쪽 주머니에서 오른쪽 주머니로 옮겨져도 돈은 일단 움직이면 세금이 따라 붙는다(필자는 세무 전문가가 아니므로, 최근 사업을 하면서 느낀 나의 느낌만을 피력할 뿐임을 미리 전제한다. 이 점, 독자님들의 넓으신 혜량 바란다).

우선 모든 기업은 세금계산서를 발행해야 하고, 여기에는 부가가치세라는 것이 추가로 붙게 된다. 100만 원어치 팔면 10만 원이 세금으로 붙어서, 실제로는 110만 원의 대금을 받아야 한다. 그렇게 받은 총액 110만 원에서 10만 원은 잘 모아 두었다가 부가세 신고 기간에 세무서에 납부하면 된다. 부가세 신고 기간은 4월, 7월, 10월, 1월이다. 잊으면 낭패다.

직원들 급여도 4대 보험이 있고, 소득세를 원천징수해야 한다. 급여를 줄 때 반드시 세금을 미리 차감하여 떼어 놓았다가 매월 초에 원천세 납부

2017년 소득세율표

과세표준	세율	누진공제액
1200만 이하	6%	-
4600만 이하	15%	1,080,000
8800만 이하	24%	5,220,000
1억 5000만 이하	35%	14,900,000
5억 이하	38%	19,400,000
5억 초과	40%	29,400,000

2018년 소득세율표

과세표준	세율	누진공제액
1200만 이하	6%	-
4600만 이하	15%	1,080,000
8800만 이하	24%	5,220,000
1억 5000만 이하	35%	14,900,000
3억 이하	38%	19,400,000
5억 이하	40%	25,400,000
5억 초과	42%	35,400,000

일에 세금을 납부해야 하는 것이다. 소득의 수준에 따라 세율도 최저 6% ~ 최고 42%까지 제각기 달라진다.

문제는 아르바이트나 외부 용역을 주거나 했을 경우, 세율을 잘 살펴야 한다는 것이다. 그 사람이 현재 직장이 있는 사람인지? 혹은, 이 일을 본인의 본업으로 삼고 있는 사람인지에 따라 세율은 크게 달라진다. 잘못하면 돈 주고 욕먹는 상황이 재현될 수 있다.

기타소득과 사업소득 이야기인데, 기타소득은 현재 본업이 있으면서 단기, 일시적으로 자문이나 용역 업무를 수행하는 경우이다. 세율은 개정안으로 6.6%이다. 그런데 이런 자문이나 용역을 아예 업으로 하시는 분들이 계시다. 만화가라던가 아티스트, 디자이너 분들 중에는 이런 경우가 많다. 사업소득으로 3.3%의 세금을 부과해야 한다.

그런데 여기서 잘 보아야 하는 것은 이 6.6% 나 3.3%의 세금은 돈을 지급하는 자가 애초에 세금을 차감하여, 이른 바, 원천징수하여 세무서에 납부하는 돈을 이야기한다는 것이다. 실제 소득 당사자는 매년 5월에 진행되는 종합소득세 신고 기간에 자신의 연간 총 소득을 신고하고, 자신의 총 소득에 따른 추가의 소득세를 납부하여야 한다.

기타소득의 경우 간혹 분쟁이 생기는 부분이 있다. 예컨대, 특허의 일괄매도와 같은 이벤트성 수익에 한하여 세무당국은 발생 수입의 80%를 비용으로 처리할 수 있도록 배려해주고 있다. 그러다 보니 실제 납부 세율이 총액에서 80%를 차감한 20%에 대한 소득 세율이냐? 혹은 전체 수익 액 100%에 대한 소득 세율이냐에 따라 지옥과 천국이 오갈 수 있는 것이다.

문제는 착오나 무지로 인한 세금의 오납이다(사실 필자와 같이 직장생활만 20~30년 해 온 사람은 세금에 대해 무지할 수밖에 없다). 이 경우, 과징금 15%와 연이자 15%를 물게 될 수 있다. 세금은 5년 이내에 언제든지 과거 오납된 세금에 대해 징수를 집행할 수 있어서 만약 3년 전에 세금을 잘못 낸 것이 드러나면 매년 30%씩 X 3년 = 90%라서 대박이 터지게 된다.

게다가, 세금은 죽기 전에는 절대로 피해갈 수 없는 항목이다. 대출금은 파산 신청이 가능하지만 세금은 파산이 불가능하다는 점을 알아야 한다. 기업체나 큰 부자들이 세무조사를 두려워하는 것은 그들이 부정하거나 도둑놈 심보를 가졌기 때문이 아닐 수 있다. 자칫, 판단 미스나 해석 차로 인해 불성실 납세자의 길로 접어들었을 수도 있다는 점을 열어두어야 한다.

실제로 외국의 대기업들은 세금에 있어 판단이 애매한 Gray Area가 발생하면 무조건 가장 최대치의 세금을 설정하여 이를 납부해 버린다고 한다. 2~3년 뒤, 세무조정 심판을 통해 불필요하게 더 납부한 세금, 즉 과오납 부분을 되찾아 오는 것이 과징금에 이자에 불성실 납세자로 낙인찍히는 것보다 훨씬 싸게 먹히기 때문이라는 거다. 뭐라 말하기 그런데, 뒷맛이 개운치 않다.

기업은 반드시 회계사를 두고 운영하는 것이 좋다. 직원이든 외주든 말이다. 그러나 세무사가 최종 길목을 잡고 있다는 점도 반드시 기억하자.

우리 회사는 세무서 출신의 세무사가 매월 기장기재와 연간 회계결산을 대행해주고 있다.

친구에게 물었나?
변호사에게 물었나?

회사로 내용증명이 왔다. 자기네 서버를 사용했으니 총 180만 원을 내라는 내용이다. 계약서를 달라고 했다. 계약서는 없고, 우리 회사 대표이사인 Y씨가 구두로 약속했다고 한다.

"귀사의 Y 대표이사께서 개인적으로 서버비를 한 달에 15만 원씩 쳐서 준다고 했어요. 그러니 돈 주세요!"

'우리가 별도로 매달 50만 원짜리 서버를 쓰는데, 저 회사 서버비는 또 뭐지?'

계약서도 없고, 개인적으로 약속했다면서 법인에 돈을 달라고 한다. 그리고 내용증명은 무슨 수필처럼 장황하기 그지없고, 법리적 사실관계가 적시되어 있지도 않다. 고민스러웠다. 그 내용증명을 보낸 R사의 A 대표는 우리 Y 대표이사와 모종의 의혹이 있는 상태였고, 우리 회사 이사회에서는 Y 대표이사에 대해 내부 감사 중이었기 때문이다.

나는 A씨에게 메일을 썼다. 현재 상황에 대해 법률검토를 면밀히 하신 후에 의견을 달라고 했다. A씨는 자기도 변호사 친구가 많다며, 그 친구들과 술 마시면서 이미 상담을 여러 차례 했다며 승소의 자신감을 드러냈다.

원래 내용증명이란 소송을 바로 코앞에 두고 최후통첩을 하는 행위이다. 내용증명은 청구서도 아니고, 하소연을 담은 수필은 더더욱 아니다. 더 이상은 대화로 풀어질 상황이 아니라고 판단, 우리 회사 담당 법무법인에 직접 찾아갔다. 그 법무법인의 대표는 나와는 십 년 넘게 알고 지내는 후배였음에도 불구하고, 나는 단 한 번도 공짜로 상담을 받아 본 적이 없다. 이른바, '士'자가 들어 있는 사람에게는 시간이 돈이고, 그들의 조언은 전문적인 지식을 토대로 한 일종의 '컨설팅'이기 때문에 무료란 있을 수 없다는 것이 나의 철학이요, 신조다. 물론 싸게 해 달라고는 할 수 있다.

"변호사님! 여기 상담료~ 돈부터 받고 시작하십시다!"

1시간 여의 상담 후, 그 I법무법인에서는 시뻘건 테두리에 I법무법인이라고 적혀 있는 레터지에 답변을 적어 A 대표 앞으로 보냈다.

'당 I법무법인의 의뢰인인 송명빈 씨 앞으로 보낸 귀사의 요구는 원인이 없으며…'

A씨는 바로 삼일 후 대화를 요청했고, 양 사 간의 문제는 매우 원만히, 그리고 깔끔히 정리가 되었다.

사업을 하다 보면 법률적인 어려움에 처하는 경우가 간혹 있다. 억울하더라도 돈으로 때울 수 있다면 그것은 싸게 막는 것이다. 그러나 돈을 주더라도 지속적으로 돈 문제가 발생할 것 같은 경우도 있고, 민사에서 그치지 않고, 형사 소송으로까지 번질 수 있는 위험천만한 경우도 있다.

보통은 친구나 후배 중에 변호사가 있는지 찾아본다. 친척 중에 있다면 가장 좋다. 그러나 잘 생각해야 한다. 그들과 상담을 할 때 반드시 주의해야 할 유의사항이 있다.

첫째, 사건에 대해 내가 정확하게 기술할 수 있어야 한다.

자기도 설명하지 못하는 사건을 변호사라고 어찌 모두 파악하고 천리안 같은 혜안으로 해법을 제시하겠는가? 변호사는 점쟁이가 아니다. 육하원칙에 따라, 누가, 언제, 어디서, 무엇을, 어떻게, 왜 했는지를 조목조목 서술해야 한다.

둘째, 증거자료를 최대한 끌어 모아야 한다. 소송은 서류 싸움이다.

종이들의 전쟁이다. 계약서는 기본이고, 관련된 사업자등록증, 인감증명서, 세금계산서, 영수증, 담당자 사이에 오고 간 이메일 등등 확보할 수 있는 것은 모두 확보하여야 한다. 구두로 진행되었다면 녹취본이나 하다못해 통화내역이나 문자라도 캡쳐 받아 놔야 한다.

셋째, 상담은 전문가에게, 검토는 여러 의견을 청취한 후에 해야 한다.

변호사라고 다 만능은 아니다. 의사도 내과, 외과, 치과가 다르듯이 변호사도 자기 전공분야가 다르다. 부동산 전문 민사 변호사에게 가서 폭력행위 등 처벌에 관한 법률 위반을 떠들어 봤자, 그냥 지난 달 사고치고 경찰서 유치장 다녀온 동네 형에게 상담 받는 것보다 못할 수 있다. 그리고 해당 전공분야의 변호사들이라 할지라도 나이 고하, 경력 장단에 따라 판단이 다를 수 있다. 때로는 법무사나 사무장들이 실전에 더 능한 경우도 있다. 여러 사람의 의견을 청취하면 종합된 공통의견이 발견된다. 그것이 정답이다.

넷째, 공짜는 공짜일 뿐이다.

변호사를 선임해 버리면 일단 계약금도 나가게 되고 변경도 용이치 않다. 우선 상담료를 시원하게 몇 십만 원 내고 1~2시간 충분히 상담하는 것이 정신 건강에 이롭다. 이 때, 반드시 사건 내용 요약서와 증거자료를 함께 가져가는 것이 좋다.

또한, 아마 대부분은 짜증을 낼 가능성이 있지만, 그래도 상담 결과를 말이 아닌 서면으로 정리해달라고 하면 그 효과는 더욱 신뢰할 만하게 된다. 말로 주는 조언과 이메일 등의 서면으로 주는 조언은 그 내용 자체가 현격하게 다르다. 내가 이메일로 받은 변호사의 의견에는 Case A와 Case B로 나누어 최선과 최악을 구분하였으며, 말미에는 본 의견은 실제 판결 시 결과가 다르게 나올 수 있다는 말도 잊지 않고 적혀 있었다. 그것이 진정한 객관주의라고 나는 생각한다.

추가로, 변호사와 상담할 때는 절대로 자기중심적으로 설명해서는 안 된다. 상대방이 나를 공격할 수 있는 경우의 수를 최대한 많이 상정하여 이에 대해 조목조목 조언을 구하는 것이 좋다.

나는 변호사와 상담할 때 내가 상대방인 것처럼 이야기를 시작하곤 하는데, 나중에 피해자, 가해자가 바뀐 상태임을 알게 된 변호사는 무척 당황해한다.

잘못하면 뺨 맞을 수 있으니 주의하시길…

신뢰?
감상에 빠지지 마라

가장 친한 친구와 심한 말다툼을 했다. 그 친구는 너무도 착한 친구였고, 오로지 성실 하나만으로 방송사 국장의 자리에까지 오른 꽤 괜찮은 친구였다. 그 친구는 말다툼 이후로 연락이 없더니, 절교를 선언했다.

'자존심이 강한 친구에게 내가 너무 심했구나…'

그 친구의 아내에게 전화를 해서 애써 해명 아닌 해명을 했다. 친구 아내가 이렇게 대꾸를 했다.

"저는 남편을 믿어요. 친구라면 왜 신뢰를 못하죠? 믿어줘야 하는 거 아닌가요?"

나는 며칠 동안 신뢰에 대해 고민하게 되었다.

'신뢰란 뭐지?'

'의리? 신용? 믿음? 신앙과는 어떤 점이 다르지?'

신뢰란 것의 정체에 대해 나는 파악할 수 없었으나, 그것을 유지하게 하는 힘은 크게 3가지로 축약된다고 잠정 정리할 수 있었다.

"…"

1) 서류(계약서)   2) 권위(비전, 희망)   3) 혈연(부모, 형제)

내가 누군가와 한 약속이 시간이 지나든 상황이 바뀌든 절대로 깨어지지 않게 하는 힘은 첫째로는 계약서에 있다고 생각한다. 계약서에 서로의 합의된 조건들을 문구를 정확히 적어 넣고 법원에서 공증하면 향후, 그것을 깨기 위해서는 곱절의 시간과 노력이 투입될 것이기 때문이다.

둘째로는 나의 미래나 비전을 이끄는 '권위'를 가진 분이라면 신뢰를 이어 갈 힘이 형성되어 있는 것이라고 생각한다. 나의 학문적 미래를 쥐고 있는 박사과정의 지도교수이거나, 나에게 회사를 물려 줄 계획을 밝힌 80세의 대기업 총수, 또는 나에게 영적인 평안을 인도해 주시는 신부님, 목사님, 혹은 스님이라면… 그가 나와 어떠한 약속을 했더라도 나는 그 약속을 지키기 위해 스스로 노력할 것이기 때문이다.

셋째로는 가장 약하다고 생각하는 것인데, 바로 혈연이다.

우리는 부모 자식 간에도 재산 싸움을 하는 것을 수도 없이 목격했고, 그것은 내가 위로 부모님에 대해서 뿐만 아니라, 아래로 나의 자식에 대해서도 경계해야 할 부분이라고 나는 생각한다.

형제간에는 더 말할 것도 없다. 그룹 총수 형제들이 모든 국민들이 보는 앞에서 진흙탕 싸움을 하다고 저세상으로 먼저 가신 케이스도 뉴스로 보지 않았는가? 그럼에도 혈연은 여전히도 우리가 생각하는 가장 로맨틱한 신뢰의 끈이다.

그런 측면에서 강조하고 싶은 것이 바로 계약서다. 대한민국 사람들은 계약서를 작성하는 것에 Shy(수줍음)하다. 뭔가 꼬장꼬장 따지는 것이 마치 곧바로 소송이라도 할 것 같은 모습처럼 보일 것 같고, 야박해 보이거나, 공격적, 혹은 이해타산 적, 계산 적으로 보일까봐 걱정하기 때문이다.

그러나 나의 생각은 정 반대다. 오히려 계약서를 명확하게 잘 작성하면 법원에서 만날 일이 현저히 줄어든다. 서로 간에 말로 합의한 내용은 해석의 여지가 많기 때문에 글로 정리하지 않으면 나중에 유혈사태가 발생할 가능성이 크다. 사람들은 자신의 지식과 경험으로 사물을 이해하고 받아들이는 경향이 있다. 때문에 내가 이해하는 범위와 상대방이 이해하는 범위는 일란성 쌍둥이 형제라 할지라도 일치하기가 쉽지 않다. 그래서 글로 작성하여 서로 확인할 필요가 있는 것이다.

사업을 하는 사람이라면 웬만한 계약서는 변호사나 법무사의 도움 없이도 스스로 문구를 구성할 수 있어야 한다. 사실, 대기업에 소속된 기업전문 변호사나 법무사조차도, 사업구도 파악이 금세 되는 것이 아닌지라 계약서 검토에 많은 애로를 호소할 뿐 아니라 시간도 오래 걸린다. 내가 다녔던 통신대기업도 변호사가 수십 명인데도 불구하고 단순한 구매계약에 통상 3주 이상이 소요되었으니 말이다.

계약서 작성 시에는 눈 여겨 보아야 할 사항들이 있다.

첫째는 누가 갑이고 누가 을이냐는 것이다.

돈 주는 사람이 갑이고, 돈 받는 사람이 을이다. 을은 용역을 하거나 제품을 납품하는 경우가 많은데, 을이 영세하거나 경력이 적을 경우, 갑은 을에게 계약이행 보증을 요구하기도 한다. 보증보험에서 처리 가능하다.

둘째, 갑과 을의 책임과 의무이다.

대체로 갑은 돈을 지급해야 할 책임이 있고, 을의 요청 시, 을에게 자료를 잘 제공할 의무 등이 나열되곤 한다. 을은 통상 의무가 많다. 용역의 범위는 어디까지이며, 언제까지 완료해야 하며, 비밀도 지켜야 하고, 사후 A/S의 의무도 있다. 그에 반해 권한은 정당한 대금을 요구하거나 대금을 못 받았을 경우 납품을 거절하거나 회수할 권한 등이 있을 수 있다.

이 때, 특히 신경을 써야 할 대목이 있다. 보통은 무엇을 해야만 한다고 적어 놓지만, 안했을 경우 페널티에 대해 잘 작성하지 않는다. 납기일을 지키지 못했을 경우에는 3/1000의 지체상금을 일할로 지급한다든가, 비밀을 유지하지 않고 발설하였을 경우는 손해배상 외에 별도로 위약금 3000만 원을 지급해야 한다는 등은 매우 즉시적이고 실효성 높은 페널티다.

계약서 초도에는 계약을 하게 된 취지와 당 계약으로 이루고자 하는 목적을 명시하곤 한다. 이어 서로 혼돈을 야기할 수 있는 사항에 대해 '용어의 정의'라고 하여 별도로 의미를 서로 확인해 둘 필요도 있다.

'지우개라 함은 종이에 작성된 연필 자국을 작성 전 상태로 되돌리는 도구로서 합성 고무로 만들어진 을의 제품이다.'

계약 시에 간혹 혼돈되거나 의미가 명확히 인지되지 않는 법률단어들이 있는데, 그 가장 으뜸은 '해지'와 '해제'이다. '해지'는 계약일로부터 현재까지는 유효하되, 이제부터는 중단이라는 선언이다. 그러나 '해제'는 매우 강력해서, 모든 사항이 계약 날인 이전의 상태로 되돌아가는 것이다. 해지 시에는 계약금과 현재까지의 중도금은 돌려주지 않아도 되지만, 해제 시에는 계약금마저도 전액 되돌려 주어야 한다. 무시무시하다.

'노력한다'는 아무짝에도 쓸모없다. 보통은 갑이 자신의 의무를 축소하기 위해 이른 바, '갑질' 차원에서 '노력한다'라고 쓴다. 노력이란 것은 측

정하기 어렵기 때문에 숨만 쉬어도 노력한 것으로 볼 수 있다고 하면 별로 뾰족한 수가 없다.

'갑은 을의 매출 증대를 위해 최대한 노력한다.'

노력 안하겠다고 보면 된다. 차라리 잉크라도 아끼게 문장을 빼라!

다음은 '합의'와 '협의' 이다.

말장난 하냐고? 이거 우습게 알다가 큰 코 다친다. '합의'는 갑과 을이 온전히 뜻을 하나로 일치시켰다는 의미다. 모두 동의했으니 문제가 있을 수 없고, 나중에 딴 소리 하는 측은 법의 심판을 받게 된다. 그러나 '협의' 는 어느 한 쪽에서 상대방에게 뜻만 전하면 된다.

"어이~ 갑 양반! 나 내일부터 지우개 흰색 말고 검정색으로 납품할게~ 알고 있으라고!"

만약, 계약서상의 납품 조항에 '협의'라고 기재했다면, 일방적이든 말든 을이 갑에게 변경 사실을 통지했으니, 내일부터 갑은 검정색 지우개를 받 았더라도 계약대로 을에게 꼼짝 없이 대금을 지급해야만 한다.

대금의 청구와 지급 관련, 을의 청구에 의해 갑이 대금을 지급하게 되는 것인지? 그냥, 날짜가 도래하면 갑이 대금을 지급해야 하는지도 미세하지만 차이가 있다. 매월 발생되는 수익을 기준으로 배분하는 구조일 때, 정산일자와 지급일자가 서로 차이가 있을 수 있기 때문이다.

통상은 전월 분을 익월 초에 정산하고, 정산한 달 말일에 지급하거나, 그 익월 말일에 지급하기도 하기 때문이다. 이와 연동되는 것이 세금계산서의 발행이라 서로 톱니가 잘 물려 돌아가야 분쟁이 없다. 부가세는 포함 여부를 반드시 표시하지 않으면 누군가는 매출의 무려 10%를 독박 쓰고 물어내게 된다. 순이익률이 고작 4%인 제조사의 경우 10%라는 숫자는 계약을 파기해야 할 액수다.

대금의 지체에 대한 이자는 미리 정해두거나, 일반 상 관례에 따른다고 적어두면 편하다.

대체로는 계약일자와 만료일자가 계약기간과 동일한 경우가 많은데, 그렇지 않은 경우도 더러 있다. 계약서 날인일자와 계약의 시작 개시일은 반드시 동일할 필요는 없다. 마찬가지로 계약 내용의 유효 만료일과 계약서의 유효기간이 불일치하는 경우도 다반사다. 이에 대한 이해가 필요하다.

계약의 자동연장, 해지통보도 잘 살펴보아야 한다. 자동연장의 경우, 최초 계약 기간이 3년일 경우, 자동연장도 이러한 최초 계약이 3년씩 이루어지는지, 매년 1년씩 이루어 지는지 살펴서 기재할 필요가 있다.

계약의 일방적 파기 및 해지, 해제에 대한 규정도 상세히 해두지 않으면 평생 웬쑤와 족쇄 걸고 살아야 한다. 어떠한 계약이든 파기할 수 있는 규정을 두는 것은 갑이든 을이든 서로에게 꼭 필요한 필수 요소이다. 또한 통보도 서면으로 해야 하는지? 구두로 해도 무방한지를 잘 구분해야 한다. 이메일이나 문자, 카카오톡도 서면으로 볼 지에 대해 적시했다면 꼼꼼히 살핀 것이다.

소송 시, 관할 법원은 갑의 본점 주소지로 하는 것이 일반적이다. 서로 합의하에 서울로 한다든가 자기네 동네로 하는 것은 무방하다. 법원이 멀면 변호사 비용이 '따블'로 뛸 수 있다는 점 잊지 말자!

끝으로, 특약이다. 계약서 맨 마지막에 특별부록처럼 붙어 있어서 별로 신경 안 쓰이는 구절이다. 그러다 신세 조진 사람 많이 봤다. 특약이 전체 계약의 내용을 모두 뒤집어 엎을 수도 있다는 점 명심 또 명심해야 한다. 특약이야말로 가장 위대한 계약 문구이다.

이면계약이란 것도 사실, 특약의 일종인데 표면적인 계약서에는 근사하고 아름다운 이야기만 풀어 놓다가 정작 중요한 내용은 별도로 작성된 상세 부속 합의서에 기재해 놓는 경우가 있다. 외부에는 아름다운 계약서만 보여주고, 자기들끼리는 부속합의서에 온갖 뒷거래 상세 조항을 이중 삼중으로 엮어놓곤 하니 세상이 아름다워질 리 있겠는가?

한번만 더! 잘 꾸며진 계약서는 예방적 효과가 크다는 점 강조하고 싶다.

일찍이 이병철 회장은 자신이 말로 한 약속일지라도 그것을 반드시 지켰다고 한다. 그 점에서 나는 그가 정말로 위대한 기업인이란 생각이 든다. 서로 간에 이해의 정도가 다른데 말로 한 약속을 지키기 위해서는 반드시 전제되는 사항이 있다. 그것은 자신의 희생과 양보이다. 이병철 회장은 자신과 계약한 무수히 많은 거래처들에게 섭섭한 마음과 억울한 느낌이 있었을 것이다. 그 때마다 스스로를 다잡으며 포기하고 용서했을 것이다.

나와 같은 소인은 그럴만한 그릇이 안 되기 때문에, 그리고 법원에서 소송하며 시간과 비용을 소진할 여유가 없기 때문에 계약서를 철저히 써서 예방을 한다.

"사장님~ 기억 못하시나본데, 계약서 3조 2항에 이달 25일에 저한테 돈 주신다고 적혀 있어요. 얼른 주세요… 제발요!"

계약 시, 꼭 달라고 해야 하는 서류

계약서에 날인만 했다고 효력이 발생하는 것은 아니다.

반드시 계약서에는 인감도장으로 날인과 간인을 하여야 하며, 그 도장과 일치하는 인감증명서를 받아야 한다. 소송 시에 우편을 발송해야 하므로, 주소지가 게재된 주민등록 등본, 혹은 초본을 받아 두어야 하고, 당연, 그 사람이 본인이 맞는지 확인 할 수 있는 주민등록증 앞, 뒤 사본도 확보해 두는 것이 좋다.

법인의 경우도 같은 취지로, 법인 인감 도장을 날인하고, 법인 인감증명서, 법인 등기부 등본과 사업자 등록증이 필요하다. 사용인감을 사용할 경우에는 인감증명서가 첨부 된 사용인감계를 받아 두어야 한다.

당연히, 내 서류도 상대방에게 주어야 한다.

특허만 믿다간
떡 된다

특허. 특별히 허가 내 준 거다.

왜 특별히 허가 내 준 걸까?

너 돈 벌라고? 너 좋은 아이디어 잘 냈다고?

결론은 착각하지 말라다!!

특허의 본래 목적은 '공개'다. 인류의 발전을 위해 좋은 아이디어는 공개하자는 취지다. 그 대신 그 아이디어를 창안한 사람에게 일정기간(20년간) 독점적으로 사용할 수 있도록 기회를 주자는 취지이다. 그래서 정말로 좋은 아이디어는 특허를 내지 않고 꽁꽁 숨겨두는 경우도 있다. 특허를 출원하는 순간 모두가 다 알게 되니까…

창업을 권장하는 과학기술정보통신부나 중소벤처기업부에서는 IP, 즉 특허를 권장한다. 초기 기업의 아이디어를 보호해줄 최소한의 방안이라고 믿기 때문이다. 사실, 별로 뾰족한 수가 없는 현실에서 특허라도 손에 쥐어야 뭔가 있어 보이는 것은 사실이다. 비빌 언덕이 필요하니까…

그러나 실상을 들여다보면 참으로 실망스러운 것이 특허다. 국내 특허 출원하는 데 최하 200만 원에서 500만 원 든다. 급행료 50~70만 원 주고 서두르면 6개월, 완행은 2년 걸린다. 특허 등록을 완료하였을 때 나는 이미 회사를 폐업했을 수도 있다는 이야기다.

특허는 땅 따먹기다. 영역 싸움이라는 이야기다. 병따개 특허를 낸다고 치자. 맥주, 소주, 와인까지 모두 딸 수 있는 특허라면 대단한 특허로 대접받겠지만 와인만 그것도 화이트 와인에 한해서 병을 딸 수 있으며, 낮에는 딸 수가 없는 제약까지 있다면 그 특허는 그냥 쓰레기다.

특허는 '청구 항'이란 것이 있는데, 내가 보유하고 있는 〈파일에이징서비스 제공방법 특허〉는 청구 항이 총17개다. 각각의 특허가 하나의 발명이라고 보면 된다. 발명이 총 17개로 구성된 하나의 영역화된 특허라고 보면 된다.

특허는 침해가 빈번할수록 좋은 특허다. 특허 침해했다고 성깔부릴 필요 없다. 특허 기간이 총20년이므로, 묵혀 두었다가 상대방이 돈 실컷 번 후에 수금하러 가면 된다. 특허 한 5~6년 남았을 때 소송하면 가장 큰 돈을 번다고 변리사들이 알려준다.

그런데 한국에서 특허 소송으로 돈 벌기는 쉽지 않다. 1심에 7천만 원, 2심에 7천만 원, 3심에 7천만 원, 총 2억 천만 원이 든다. 그런데 이기면 잘해야 3~5천만 원 배상 받는다. 징벌 적 배상 제도가 없기 때문이란다. 더욱이 웃기는 것은 특허 침해로 소송을 제기하면 상대방은 특허 무효로 방어 소송을 해 온다는 것이다.

"당신이 내 특허를 침해했어!"

"무슨 소리야! 당신 특허는 원래 특허 자격이 없는 것이 잘못 특허가 난 거야!"

한국의 특허 무효 율은 무려 55%~85%나 된다고 하니 뭐 내나 마다 한 거나 다름없다('특허 무효율 연평균 55%' 헤럴드경제. 2013.10.17). 괜히 돈 많은 기업 앞에서 특허 가지고 까불다가 무효소송 당하고 등록된 특허마저도 맹물 되는 우를 범하지 말자.

미국의 경우는 전혀 상황이 다르다. 워낙에 지적 재산권에 대해 강력한 보호를 해주는 국가이다 보니, 장난삼아서라도 남의 특허를 침해했다가는 인생 파국으로 치닫는다. 스쳐도 수백억이다. 그래서 미국의 경우는 특허 침해가 의심되면 서둘러 협상해서 피해를 최소화하려 애쓴다.

스타트업 입장에서는 정부에서 시행하는 각종 자금을 신청해야 하는 경우가 많다. 특허는 이럴 때 위력을 발휘한다.

그리고 특허는 땅 따먹기이기 때문에 하나의 특허로 자신이 펼치는 사업의 모든 영역을 커버하기엔 턱 없이 부족할 수밖에 없다. 자 특허를 지속 출원해야 하는 부담이 이때부터 생긴다. 그런데 잘 생각해야 한다. 처음에는 개념특허나 모 특허는 우선적으로 출원해야 하지만, 이후의 자 특허들은 실제 제품과 직접 연계하여 출원하는 것이 훨씬 튼튼할 뿐 아니라, 방어력이 높아지기 때문이다.

국내 특허를 출원, 등록한 다음에는 PCT라고 해서 국제 특허 출원 전 권리확보라는 것을 진행한다. PCT를 낸 이후에는 2년간 유예기간을 두어 각 국가 별로 특허를 개별 등록하여야 한다. PCT는 보통 400~600만 원이 소요된다.

미국, 일본, 중국, 유럽 등의 국가 진입은 특허 등록비가 만만치 않다. 미국은 800 정도는 각오해야 하는데, 현지 심사관이 질문을 자주하면 금세 1200~1800만 원으로 껑충 뛴다. 유럽은 연합(EU)으로 진입하려면 2천을 기본으로 각오해야 하고, 각 개별 유럽국가 별로 진입하려면 미국과 거의 비슷한 수준으로 비용이 투입된다. 특허 10개에 수억 원넘는 건 우습다.

끝으로, 함께 고려해야 할 부분은 매년 청구되는 '연차료'다. 출원할 때도 돈을 냈는데 무슨 돈을 매년 내냐고? 한국 뿐 아니라, 미국, 일본, 중국 등도 연차료를 내야만 그 특허가 유지가 된다. 특허는 출원자 편의가 목적이 아니라, 공개를 통한 인류공영이 목적이라고 앞에서 설명했다.

울지 마라, 억울한 일이 그것뿐이랴?

사업을 하다 보면, 억울한 일이 한두 가지가 아니다. 그 때마다 울면 눈물이 백두산 천지를 이룰 거다. 그거 다시 생수로 팔려서 우리 곁으로 온다… 그냥 웃자고 한 말인데, 곱씹어보니 뼈가 있다.

사업 초창기에 인터넷 대기업에 제안서를 보낸 적이 있다. 파워포인트로 약 60페이지 정도 프린트해서 제본해서 5권 보냈다. 대학원 동기 형이 대외협력 부장이란 분을 잘 안다고 해서, 그렇게 전달했다. 한 달이 지나도 별반 화답이 없다. 너무 조급한가 싶어서 더 기다렸다. 제안한 것이 2013년 11월 하순이었는데 2014년 5월이 되어서도 연락이 없었다. 좀 심하다 싶었던 나는 그 동기 형을 제치고 대외협력부장이라는 분께 직접 전화를 해보았다.

"저어~ 작년 겨울에 제안한 사람인데요…"

그 대외협력 부장이라는 분은 어렵게어렵게 기억을 더듬어 가며 말했다. 제안서는 책자로 잘 받았으며, 내부 검토하라고 유관부서에 전달을 했으며, 심지어 투자가 필요한 것 같아서, 투자로도 검토하려고 했었노라 했다. 그리고 결국은 내부적으로 고민해 본 결과, 우리 제안은 별로 사업성이 없어서 드롭(Drop, 철회)하기로 결정했다며, 워낙에 바빠서 회신이 늦은 거는 미안하다고 했다.

"아… 네… 감사합니다."

별로 감사하지 않았지만, 그냥 빈 말로 감사하다고 하고 끊었다. 그런데 문제가 생겼다. 2014년 7월 27일 그 인터넷 대기업에서 서비스를 새롭게 출시했는데, 그게 우리가 제안한 내용과 90% 이상 일치했던 것이다(일치한 것으로 추정…이라고 해야 정확하다. 혹시라도 출판물에 의한 뭐 어쩌고로 피소 당할라…).

포인트는 2가지다.

첫째는 우리가 모 박람회에 출시하여 대통령까지 만났던 그 아이템을, 그것도 파워포인트 형태로 제본까지 해서 제출했는데, 그걸 반년을 끌어오다가 결국, 9개월 만에 자기네 제품으로 출시를 했다는 거고(어디까지나 우리 측의 '추정'이다. 그쪽 얘기는 다름을 분명히 밝힌다)

둘째는 우리가 낸 원천 특허 이후, 두 번째로 낸 특허를 정면으로 침해하고 있는데도 그것을 부인한다는 것이다.

내 입장에서는 참으로 어이없는 것은, 그 전년도에 있었던 박람회에 스폰서였던 그 인터넷 대기업이 우리의 존재를 몰랐다는 것도 말이 되지 않는 것이고, 우리에게 자사의 홈페이지 내 정식 사업제안 접수처로 접수하지 않았다고 지적하는데, 그럼 대외협력부장은 뭐하는 자리고, 그걸 그 당시에 홈페이지로 접수하라고 안내를 해주었어야 맞지 않느냐는 거다.

게다가 그 대외협력부장은 자기가 자기네 대표에게 보고했다고도 내게 말했는데, 그 통화 내용을 내가 녹취본으로 가지고 있다는 사실을 모르는 것 같았다. 내가 동기 형을 생각해서 그 녹취본을 공개하지 않고 있음을 감사히 여겨야 할 텐데 말이다.

특허나 그들이 정말 나쁘다고 내가 생각하는 것은, 그들이 나와 나의 특허를 우회하려 하다가 딱 들켰다는 의심이 들게 행동했다는 것이다.

내가 두 번째 특허를 출원한 것은 2013년 12월 12일이다. 이 특허는 국내 최고의 특허 법인에서 비싼 대행료를 주고 특허를 출원, 속행으로 등록

해준 것이었다. 등록일자가 2014년 7월 15일이었다. 그 인터넷 대기업의 새 서비스가 출시된 날로부터 딱 12일 앞선다.

무슨 말인고 하니, 특허를 출원하기 시작하면 세상 어디에도 해당 특허에 대한 내용이 검색되지 않는 이른바, '깜깜이 기간'이 시작된다는 것이다. 인터넷 대기업에서 아무리 검색을 해도 '특허 출원 하세요. 현재까지는 아무 것도 걸리는 게 없네요.'라고 변리사들이 답변할 수밖에 없다는 거다. 아마도 그래서 자신감 있게 그런 일을 저질렀으리라…

결국, 이 사건으로 나는 크게 실망했고, 내 사업과 특허를 미국 이베이(ebay.com)에 단돈 1달러에 경매하겠다고 생각했으나 실행에 옮기지는 않았다. 혹시 모를 수퍼파워 특허가 국외 유출되어서는 안 된다는 주변의 만류와 서푼어치 애국심 때문이었다.

이 사건은 노컷뉴스에서는 대대적으로 특종으로 다루면서 수면 위로 올라왔다. 이어, 한국일보, 디지털 타임즈 등에서도 두루 다루면서 문제는 크게 비화되었다. 심지어 KBS는 그 다음해에도 또다시 이 문제를 TV 뉴스로 다루며 인터넷 대기업의 횡포에 대해 강조했다.

이 일이 기사화 되면서 아주 흥미진진한 일들이 함께 벌어졌는데, 그들의 언론플레이가 장난이 아니더라는 것이었다.

기자로부터 전화가 왔다.

"아후~ 반발이 만만치 않아요!"

어떤 기자는 이렇게 말했다.

"데스크에서 기사 사이즈를 줄이래요~ 가십처럼 나가래요! 걔네들 대형 광고주라…"

그런데 내가 생각해도 내가 억척스럽기는 엄청 억척스러운 것 같다. 우리는 억울한 건 못 참는다. 기자들에게 소명자료를 수십 페이지, 사진과 증빙까지 첨부해서 보냈고, 그들이 반박기사를 내면 나도 한 줄 한 줄 다시 반박하는 자료를 제시해서 그 기사를 재차 삼차 수정했다(요즘은 인쇄되는 신문보다 인터넷 신문들이 많아서, 그리고 인쇄신문이라 하더라도 인터넷에서는 기사가 수정이 되므로…).

"부탁드립니다. 그건 사실이 아니고요, 저희 변리사 의견은 이러합니다. 자료 보내 드렸고요, 변리사 연락처는 02) 000-000입니다."

스타트업을 하면 억울한 일이 수백 수천가지가 넘는다. 내 꺼 주고도 욕먹고, 눈 감으면 코 베어가는 데도 웃는 낯으로 살펴 가시라고 인사해야 할 경우도 있다. 용장으로 전투를 해야 할 경우도 있고, 덕장으로 화합하며 협상을 해야 할 경우도 있다.

우연인지 모르겠으나, 그 인터넷 대기업은 재작년 일본에서 상장할 때 우리 관련 서비스를 내렸다고 한다. 일본에서는 그 상장 예정 기업이 윤리적으로 문제가 있거나, 심각한 특허 소송에 계류 중일 경우 상장에 영향을 미칠 수 있기 때문이라고 들었다. 내가 아사히신문에까지 찾아갈 정도로 이를 갈았으니 분명 불안했을 수도 있을 테고 말이다.

그 사건 후, 나는 미국, 일본, 중국 등에 국제 특허를 출원하여 등록완료했다. 앞으로 남은 특허 기간 16~18년 내에 꼭 한번은 혼내줄 기회가 있으리라 결의하며 오늘도 칼을 갈고 있다.

한국어 못하는
네이티브 한국인 직원

우리네 기업들은 입사시험에 토플, 토익을 중요한 시험으로 제시한다. 영어가 기본이라는 생각은 이미 글로벌 시대를 준비하는 우리에게 지배적 이데올로기 그 자체임에 틀림없다. 그런데 창업을 해서 직원을 두어 보니, 한국 사람이 한국어를 못하는 경우가 너무도 많다는 것을 느끼게 된다. 밥 시키고 커피 마시고, 수다 떨고는 한국말로 잘 한다.(나라면 그런 정도는 영어로도 하겠다).

기본적으로 회의록 작성을 못한다. 회의록이라 함은 참여한 사람들이 어떠한 의견을 냈는지에 대해 기록하는 행위이다. 그러나 기업에서의 '회의록'은 사회단체들이나 국회 등의 기관에서 하는 '녹취록'과는 성격이 다르다. 기업에서 임원과 직원이, 팀과 팀이, 혹은 자사와 거래처 간에 회의를 할 경우에는 그 회의를 통해 이루고자 하는 바가 있다. 회의의 목표다. 그 목표를 이루기 위해서 필요한 Action Plan, 즉 실행 계획도 따라가야 하고, 그것을 누가 할 것인가에 대한 역할의 배분과 책임소재 설정도 필요하다. 그런데 회의록 작성을 시켜보면 그 직원이 한국말을 잘 하는지 못하는지가 극명히 드러난다.

첫째는 회의 분위기 파악부터가 문제다.

이 회의가 무언가를 결정하기 위한 회의인지? 서로 잘 해보자고 모인 킥 오프 자리인지? 아니면, 누군가를 핀 포인팅(Pin pointing, 지적질)하기 위한 성토장인지? 먼저 분위기 파악부터 할 수 있어야 한다. 의외로 회의에 참여하는 참여자의 대부분은 대체로 아무 생각이 없이 자리에 털레털레 나온 경우가 많다. 그러다 우물에서 숭늉 찾게 된다.

둘째, 상대방이 하는 이야기를 정확히 이해하는가?이다.

사람들은 상대방이 하는 이야기를 액면 그대로 듣지 않고, 자기가 머릿속에 상상하고 있는 것을 틀거리로 상대방의 이야기를 재해석한다. 오해다. '지식격차 가설'이란 것도 이 때문에 나온 것이다.

대부분의 비극은 여기서 시작된다. 상대방은 생각해보겠다고 이야기하면서 완곡한 거절을 했는데, 우리 측에서는 가능성을 발견했다고 희망에

차 있기 때문이다. 상대방이 말하는 행간의 의미를 잘 살펴야 한다. 그 사람의 지적 수준이나 사용하는 단어, 문장, 그리고 성격이나 성향도 파악해야 한다. 잘못된 회의보고로 일 망친 적 여러 번이다.

눈치 없는 직원의 회의록은 반드시 다른 참여자나 상대방에게 반드시 확인해야 한다.

셋째, 표현의 문제다.

상대방의 의견을 찰떡같이 잘 이해했다손 치더라도 회의록을 작성하여 우리 회사와 상대방 회사가 함께 공유하여야 하는 상황일 때에는, 좀 더 신중하게 표현에 신경을 쓸 필요가 있다. 상대방의 요구로 우리가 양보한 것은 '우리가 귀사의 요청을 적극 수용하여…'라며 생색도 내야 하고, 상대 회사 담당자가 어렵게 양보해준 부분은 담당자나 해당 회사에서 난처할 수 있는 입장도 충분히 명분과 실리를 감안한 표현들로 구성해야 한다.

평소에 문학작품도 좀 읽어보고 한글 작문에 대해서도 좀 관심을 가졌던 사람이 이런 일에는 능력을 발휘한다. 하지만 대부분은 영어공부에 몰입하느라 우리말을 듣고 해석하고 글로 옮기는 일을 누구나 할 수 있는 아주 쉽고 가치 없는 일쯤으로 여겨 온 것이 사실이다.

창업 6년은 고사하고, 직장생활 25년 동안에도 한국어 잘하는 '네이티브 한국인'을 만나본 기억이 거의 없다. 상대방 말을 잘 이해하고, 나의 생각을 잘 전달하고, 그것을 잘 절충하며, 그 결과를 글로 잘 표현해 내는 일이 그토록 어려운 것인지 사실 나는 몰랐던 것 같다. 무슨 학술 논문 쓰는 것도 아니고 맨부커 상을 받기 위한 것도 아닌데 간단한 비즈니스 소통이 이토록 어려운 줄은 시쳇말로 '예전엔 미처 몰랐어요'다(맞춤법이나 띄어쓰기, 줄바꾸기, 문단 나누기 등은 기대도 않는다…).

영어? 해외부서 아니면 쓸 일이 거의 없다. 한국어? 근무 시간 99%에 한국어를 사용한다. 그런데 이 나라는 영어시험에만 몰두하니 참 이상한 나라다. 한국 직장인들의 한국어 소통능력은 정말 처참하고 몹시 우울한 소통부재(한국말이 안 통하는) 속에 갇혀 있다. 대학 1학년은 국어국문학과를 필수 이수 학과로 지정해달라고 정부에 요구하고 싶은 지경이다.

직원이 떠나면
경쟁사 차린다

처음에 솔루션 하나를 개발하려 하니 고민이 이만저만이 아니었다. 개발 자체는 난이도가 높은 것은 아니었다. 특허로도 보호되고 있었고, 판로도 이미 정해져 있었기 때문이다.

처음엔 직원을 뽑아서 개발을 하려고 했었다. 팀장급으로 주변의 추천을 받아 사람을 들였다. 연봉도 적잖이 주었고, 별도로 사무실도 근사하게 꾸며 주었다. 야근용 침대와 컵라면과 커피와 음료수를 냉장고에 가득 채워 주었다.

10개월 만에 그가 나에게 준 개발 소스코드는 처참했다. 그는 내가 개발을 모르지만 개발 검수는 전문가에게 맡겨 할 수 있다는 사실을 전혀 예측하지 못했던 것 같았다. 50만 원을 주고 맡긴 감리에서 검수자는 투입 인건비가 고작 1맨/먼스(Man/Month, 월간 투입 인력) 정도라고 꼬집었다.

"이거 대학생 졸업 작품 수준입니다. 중급 개발자가 한 달 정도면 만드는 거예요."

그는 10맨/먼스+알파의 비용을 내게 받아 갔지만, 그 10개월간 다른 개발 아르바이트를 하고 있었던 것이다. 중간 중간 제출한 주간보고는 모두 안데르센 동화의 〈벌거벗은 임금님〉 그대로였다. 다시 개발하는데 3개월이란 시간과 배에 가까운 비용이 들었다(여러 개발자가 단기 속성으로 매달려 개발해야 했기 때문).

개발사를 운영하는 선배 한 분은 위의 케이스에 대해 그래도 다행이라고 나를 위로해주었다. 어떤 사장님은 풍운의 꿈을 갖고 개발팀을 꾸렸고 2년간 개발비에만 10억 가까이 투입했는데, 거의 완성이 되어가는 단계에서 개발팀장과 다툼이 벌어졌고, 화가 난 개발팀장이 자기 팀원들을 모두 데리고 하루아침에 짐을 싸서 나가버렸다고 한다. 그리고 2개월 후, 그 회사의 개발소스를 가지고 동종의 솔루션 서비스 회사를 차렸는데, 아무리 발을 동동 굴려 봤자 법이고 뭐고 현실적으로 어찌할 방법이 없더라며 망연자실해있는 그 사장님의 이야기를 해주었다.

사실, 어려운 이야기다. 직원의 잘못일 수도, 고용주의 잘못일 수도 있기 때문이다. 그러나 창업을 하여 스타트업을 운영하는 입장에서는 결코 가벼이 넘겨들을 '에피소드' 정도는 아님에 틀림없다.

필자는 기본적인 스텝 외에는 외주로 운영하는 것이 맞다는 의견에 한 표다. 필자와 같은 경우, 시도해보고 싶은 솔루션 분야가 워낙 버라이어티 하다 보니, 어떤 때는 모바일 전문가가, 또 어떤 때는 웹 전문가, 혹은 PC 전문가, 디바이스 전문가, 문서보안, 서버 및 DB 전문가 등이 필요하다. 의사도 내과, 외과, 치과가 있듯, IT 분야에도 개발자라고 모두 다 개발할 수 있는 것은 아니다. 다들 전공 영역이 있다. 때문에 이때마다 모든 개발자를 전원 내재화하긴 어렵다.

나는 초기에 솔루션 개발을 전문 외주 개발사에 의뢰했다. 적어도 그들은 법적으로 유효한 계약서를 서로 주고 받을 수 있었고, 계약 이행 보증 보험도 끊을 수 있었으며, A/S에 대한 정확한 확약도 보장받을 수 있었다.

다만, 우리 회사의 주력 제품이 확정되고, 전략적 고도화와 확산 정책이 수립된다면 정직원 개발자로 구성된 팀을 만들어야겠다는 판단은 하고 있다. 매출의 규모와 휴먼 리스크 사이에서 교차점을 찾기 위해 계속 정보 값을 수정하고 있는 것이다.

대표이사의 달콤한 유혹,
배임과 횡령

대표이사는 배임과 횡령으로부터 자유로울 수가 없는 직업이다. '횡령'
은 회사 돈을 훔쳐 먹은 것을 말하고, '배임'은 남이 이득을 보게 하는 과정
에서 회사에 손해를 입힌 것을 말한다.

대표이사란 이사들 중에서 가장 높은 지위로, '대표성'을 가진 이사라는
것이다. 법인, 즉 주식회사는 주주들이 회사의 주인이며, 이 회사의 주인들
이 모여서 자신들의 권익을 대변해줄 사람을 선임하게 되는데, 그가 바로
이사다. 이사는 자신을 선임해준 주주들을 대리하여 회사의 주요 경영활
동에 의견을 개진하고 주요사항을 결정하며, 이들 이사들이 모여 선출하
는 것이 대표이사이다. 이사는 주주총회에서 결정하고 대표이사는 이사회

에서 결정하는 것은 바로 이 때문이다.

대표이사의 책무는 주주의 권익보호다. 고객이 최우선이란 말은 듣기 좋으라고 하는 것이고, 자본주의에서 법인의 수장이 존재하는 사유 제1순위는 주주의 권익보호이다. 고객을 소중히 생각하여 이익을 많이 증대시키고, 그 결과로 주주님들을 부자로 만들어 드리는 것이 대표이사 책무의 프로세스라면 이해가 쉬울라나?

때문에 자본을 모두 투자하여 회사의 역량을 총 집중해야 할 헤드쿼터는 당연히 대표이사이다! 대표이사는 개인이라기보다 하나의 조직이라고 보는 견해도 있다. 사실, 큰 기업들은 대표이사 하나에 전략기획, 경영기획, 재무, 회계, 법무, 그리고 자문 및 고문단까지 줄줄이 붙어 있는 것을 보면 그 말이 실감나기도 한다. 그만큼 대표이사의 권한은 막강하다. 법인 도장이 없어도 새로 만들 수 있고, 은행에서 통장과 신용카드도 자유롭게 개설할 수 있으며, 대출의 발생, 차량의 구매 및 리스, 그리고 각종 계약 체결에도 절대적 법적 권한이 부여된다. 구두계약도 마찬가지로 법적 효력이 발생한다.

그러니 대표이사가 잘못 마음 먹으면 그 법인 망하는 것은 한순간이다. 통장 들고 튀면 끝이다. 엉터리로 계약해서 우발채권 만들어 놓으면 며느리도 모른다. 대부분은 경영주, 혹은 대주주가 대표이사일 경우가 많지만,

때로는 전문 경영인이 대표이사일 경우도 있는데, 위와 같은 사유로 경영주는 대표이사 선임을 가까운 친인척으로 하거나 정말 오랫동안 믿고 지켜본 지인으로 하는 경우가 많다.

대표이사는 언제든 돈으로 장난을 칠 수 있는 위치에 있고, 실제 주변의 유혹도 많기 때문에 일부러 고액 연봉이라는 장치로 이런 유혹을 차단하려고 한다. 전문 경영인은 바지사장과는 다르다. 바지사장은 '바지, 저고리'에서 온 말이라고도 하지만 실은 '총알받이'의 '받이' 사장이라고 본다는 말이 더 설득력이 있다. 이 경우는 실제 경영에는 전혀 참여하지 않으면서 이름만 빌려주는, 이른 바, 깡통계좌 대여 같은 류를 지칭하는 말이다.

대표이사들이 주로 손쉽게 할 수 있는 배임 수법은 '공사비 부풀리기'다. 이른 바, 갑이 발주사로 돈 쓰는 입장이 되면, 밑돈 주겠다는 을은 줄을 선다. 그것은 담당자 선에서도 판을 치는 수법이거니와 갑의 최고 의사결정권자인 대표이사가 전문 경영인일 경우는 더더욱 유혹의 강도는 높아진다. 경영주나 주주는 알고도 당할 수밖에 없는 구조다.

예컨대, IT 기업에서 핸드폰에서 구동되는 어플리케이션 하나를 외주 개발사를 통해 개발한다고 치자. 개발비 견적을 올릴 때 A사의 사장과 짜고 개발비가 5천만 원이면 충분한 것을 1억으로 올린다. A사는 같은 업계 개발사에 부탁해서 들러리를 세운다. B사는 1억 2천으로 C사는 1억 5천으로 견적을 제출한다.

누가 보더라도 동일한 품질이면 견적 가격이 낮은 업체를 선정할 수밖에 없고, 논리나 증빙도 명확하다. 경영주든 주주든, 혹은 함께 일하는 이사나 부장도 이의 제기가 어려울 수밖에 없다. 하청사인 A사는 개발비 1억을 받아서 2천은 자기가 먹고, 3천은 발주사의 대표이사에게 먹인다. 당연, 개발비는 5천으로 A사는 또 남긴다. 발주사 갑의 기업과 주주는 5천의 손해를 보게 된 셈이고, 오염된 대표이사와 A사를 통해 제2, 제3의 피해를 추가로 보게 될 것은 자명하다.

횡령은 자기와 회사를 망치지만, 배임은 자기와 회사와 거래처와 자사 주주 모두를 망친다는 점에서 범사회적 중대 범죄라 하겠다.

비전을 제시하고
지원군을 늘려라

회사 사장을 CEO라고 한다. Chief Executive Officer, 즉 경영 사무 최고자라는 뜻이다. 중국은 총경리라고 한다. 돈의 입출에 초점을 두고 있는 게다.

언젠가 TV에서 최고경영자 한 분이 이런 말을 했다. 자신은 CEO가 아니라 CVO가 더 옳은 표현인 것 같다고. Chief Vision Officer, 즉 비전을 제시하는 최고자라는 뜻이다. 나 또한 이 분의 말에 절대 공감한다.

회사의 최고경영자, 사주는 직원과 협력사, 그리고 고객들에게 그 회사의 비전을 제시해야 한다.

지금은 어렵더라도 앞으로 더 좋아질 거라는 희망의 비전,

전 세계를 상대로 최상의 품질을 만들어 내겠다고 하는 호전적 비전,

회사의 성장에 발맞춰 직원의 발전과 복리후생에도 노력하겠다는 상생의 비전,

매출 뿐 아니라, 소외된 지역사회에도 이바지 하겠다고 하는 나눔의 비전,

비전은 희망이고, 오늘을 살아내어 내일로 나아가게 하는 동력이다. 비전은 Visual, 즉 보이는 것이다. 이렇게 하면 이러한 결과가 나올 것이라고 하는 구체화된 목표이다. 허황된 것, 이루어질 수 없는 신기루와 다르다.

요즘 사람들은 셈이 빨라서 그것이 그저 말잔치로 끝나고야 말, 허무맹랑한 허상인지, 기어코는 이루질 수 있는 필연성을 내재한 실현 가능한 비전인지를 대번에 알아챈다. 그래서 회사 최고 경영자의 비전 제시는 쉬운 일이 아니다.

비전은 현실에 발을 디디고 있어야 한다. 현재의 상태를 과장하거나 폄하해서는 안 된다. 정확하고 냉정한 현실 평가는 기본 중의 기본이다.

목표는 충분히 이루어질 수 있는 것이어야 한다. 목표에는 항상 시간이라는 축이 변수로 작용한다. 언젠가는 이루어진다는 막연한 목표가 아니라, 어느 기간 내에 어느 정도의 수치로 실현될 것이라는 구체적인 데이터가 제시되어야 한다.

그리고 덧붙여, 이러한 목표가 현재 이루어지고 있다는 증빙들을 함께

제시해야 한다. 예컨대, '작년 대비 올해는 실적이 150%이며 이 성장세는 올해 상반기에 목표 대비 초과달성 중이므로, 3년 후에는 300%가 아닌, 500% 성장으로 비전이 현실화될 것이다.'라는 식이어야 한다.

그래프가 나오는 사업은 예측이 가능하다. 성장세가 꾸준하고 그 경도가 가파른 경우, 투자자들이 매력을 느끼기에 충분하다. 그러나 플럭츄에이션 (Fluctuation, 변동 폭)이 들쭉날쭉하며 춤을 추는 기업은 투자는 고사하고 거래처로 협력하기에도 겁이 난다. 직원들은 월급 떼일 것을 걱정한다.

Evidence! CVO의 비전 제시에는 실증 가능한 논거가 필수다!

현재 들어와 있는 것을 관리하는 행정관리, 경영관리 수장으로서의 CEO가 아니라, 미래를 예측하고 그것을 구체화 된 비전(청사진)을 제시하는 CVO가 기업의 진정한 수장이어야 한다는 것이 나의 생각이다.

나보다 더 잘할 수 있는
사람은 없다

애초부터 회사 경영에는 전혀 뜻이 없었던 나는 창업 초기부터 누군가에게 내 아이템을 맡기겠다는 생각이었다.

사업 아이템이 시류를 잘 만나 투자하거나 함께 일하겠다는 사람들이 생겨나면서 나는 다니던 직장은 그대로 유지하며 그야말로 취미생활처럼 1대 주주이자 회사의 사주로서의 지위만을 누릴 수 있었다. 게으른 창업자! 그게 나였다.

창업 초창기, S대 법대를 나왔다는 C씨는 자신의 동문 후배 J씨와 함께 나에게 접근해왔다. 세상을 바꿀 아이템이라며 격찬이 끊이질 않았고, 자기가 이 사업을 크게 성공시킬 최고의 적임자라며 포부를 밝혔다. 나중에 들리는 소문에 따르면, 그는 사기전과의 유사수신 사업자였다고 한다. 개미 투자자들로부터 돈을 모아 이른바, '먹튀' 하는 사람이라고… 만난 지 4개월 만에 그는 그렇게 잠적해 버렸다.

다음으로 만난 사람은 엔젤투자자였다. 그 분은 연 매출 50억 정도 하는 전자상거래 회사의 대표였다. 내가 O포털사의 아이디어 도용으로 분통 터져 할 때 아무런 조건 없이 우리 회사에 자금을 쾌척해 주셨다.

문제는 그분의 막둥이 동생이었다. 투자 직후, 자신의 동생이 IT 경력자니 대표이사를 맡길 수 있겠냐고 물어 오셨다. 나는 아무런 조건 없이 투자해주신 분의 요청인지라 흔쾌히 수락했다. 그 막둥이 동생 또한 참으로 명민한 분이셨다. 소프트뱅크부터 삼성전자까지 모르는 곳이 없으셨다. 회사가 크게 성장할 것 같은 기대감에 부풀었다. 하지만 딱 2주 만에 직원들과 함께 간 맥주 집에서 사단이 났다. 주사가 어마어마했다.

그 후로도 사업을 하는 동안, 나는 많은 사람을 만났고, 많은 기업들과 협업을 했다. 그들은 모두 자신의 영역에서 최고의 전문가를 자청했으나 우리 회사의 아이템을 피상적으로 이해하거나 혹은 전혀 다르게 해석하곤 했다. 귤이 회수를 건너면 탱자가 된다고 했던가? 바로 그러했다.

PD 생활을 하면서도 가끔씩 아이디어를 빼앗기거나 다른 PD와 협업할 때가 있었다. 잘된 적이 단 한 번도 없었다. 아이디어는 그것을 창출한 사람이 직접 할 때 가장 잘 될 수 있다. 언뜻 쉬워 보이고 카피해도 얼마든지 할 수 있을 것 같지만 대부분은 십중팔구 오히려 그 일을 망치고 만다. 원안자도 도용자도 둘 다 망하는 지름길이다.

아무리 간단한 아이디어라도 그것을 생각해 낸 사람은 자신의 전 인생 동안 누적되어 온 경험과 지식과 그 자신 특유의 사고체계로 그것을 만들어 낸 것이다. 때문에 그 아이디어의 95배 이상의 연관 아이디어나 대체 방안을 함께 가지고 있는 것이다.

어떤 사업이든 외통수란 없다. 앞 장에서도 언급한 것처럼 사업은 과녁도 움직이지만, 나와 주변 여건도 움직이기 때문이다. 그러한 다변성의 변수 앞에서 하나로 툭~ 튀어 오른 아이디어를 오로지 그것 만으로만 승부를 보겠다고 하는 것은 대단히 위험할 수 있다. 아이디어를 훔치려 하지 말고, 그 아이디어를 낸 원안자를 납치하는 것이 훨씬 현명한 짓일 게다.

다르게 표현한다면, 결국, 내가 낸 아이디어는 남에게 맡기면 안 된다는 이야기고, 힘들고 귀찮더라도 내가 직접 내 손으로 털 뽑고, 다듬고, 색칠하여 완성해 나아가야 한다는 것이 결론이다.

그리고 이렇게 아이템을 주도하는 사람은 '나'여야 하듯, 사공이 많으면 배가 산으로 간다. 동업자 좋아하지 말라는 말이다. 투자도 회사 지분이 지저분하게 이 사람 저 사람 찢어발긴 회사에는 절대 투자 안 한다. 누구와 협상해서 누구에게 투자해야 할지 헷갈리기 때문이다.

초기 벤처기업은 강력한 카리스마의 경영주-대표이사가 모든 사업을 주도하고 스스로 결정하고 업무를 배분하는 것이 좋다. 좋은 사람이 있다면 하나의 부서를 맡기거나 특별한 직무를 맡겨서(예컨대 재무회계) 내게 직보(직접 보고)하게 하면 서로 간의 신뢰도 유지되고 권한도 자연스레 위임되는 일석이조를 거둘 수 있다. 직원들도 그를 창업 멤버로, 혹은, 대표이사의 오른팔로 무게감을 느끼게 된다.

사람?
시스템이 자산이다

내가 C기업에 잠시 근무했을 당시에 있었던 일이다. 재벌기업의 자회사였던 그 곳은 창업자 초상이 대표이사 방문 위에서 대표이사 책상을 내려다보고 있었는데, 마치 그 창업자가 살아서 튀어 나와 그 대표이사에게 당장이라도 말을 걸 것만 같은 그런 분위기였다.

"자네~ 지금 열심히 일하고 있나? 내가 지켜보고 있다네…"

그 기업은 대한민국 최고의 SI 기업이며, 시스템 구축에는 세계 최고라는 자부심으로 가득했다.

어느 날, 대표이사가 주간회의에서 직원들에게 이런 질문을 했다.

"여러분, 어떤 사람이 있습니다. 그 사람이 매우 유능하고 열심히 일을 해서 회사에서는 없어서는 안 되는 사람입니다. 모두가 그 사람에게 의지하고 부탁하는 상황입니다. 여러분은 그 사람을 어떻게 하시겠습니까?"

모두들 한결 같은 답변들을 했다.

"칭찬해줘야 합니다!"
"승진시켜야 합니다!"
"아뇨! 연봉을 올려줘야 합니다! 돈이 최고죠~"

마치 자신이 그 사람이라도 된 듯, 그 유능한 사람에게 온갖 좋은 보상과 답례를 해야 한다고 입을 모았다. C기업의 대표이사는 전체 그룹 내에서도 존경받는 사람이고, 매우 좋은 학교에서 최고의 학위를 받고 평생을 그 조직을 위해 일을 해온 분이셨다. 직원들도 모두 그 분의 말씀을 진심어린 존경으로 경청했다.

"여러분! 저는 그 사람을 당장 해고해야 한다고 생각합니다!"

모두들 일순, 충격에 빠졌다. 대표이사는 말을 이어갔다.

"기업은 어떤 한 사람에 의존해서는 안 됩니다. 기업은 시스템으로 돌아가야 합니다. 기업이 어떤 특정한 사람에게 존속되고 디펜던씨(Dependency, 의존도)가 높아질 때, 그 기업은 위험에 빠지게 될 것이기 때문입니다. 어느 누가 휴가를 가든, 교통사고로 입원을 하든, 그 기업은 정해진 프로세스에 따라 어제와 같이 오늘도 돌아가야 합니다. 사람이 자산이라고들 합니다만, 그렇지 않습니다. 시스템이 자산입니다!"

당시는 동의할 수 없었다.

'사람이 쓸모 없다고? 기계 덩어리가 자산이라고? 더 중요하다고?'

그의 화두는 10년간 내 머리 속에서 맴돌았다. 지금도 100%를 동의할 수는 없다. 아니, 어쩌면, 그것을 공개적으로 동의한다고 했을 때, 그 후에 오게 될 후폭풍을 두려워하고 있는 것일 지도 모른다.

우리는 어쩌면, 정치인들이 세팅해놓은 '사람이 먼저다!'라는 아젠다(Agenda, 의제)를 부숴버릴 명분이나 용기가 없는 것일 지도 모른다. 그리고 나 스스로도 사람이기 때문에 사람이 먼저이고 자산이라는 점에 1순위를 양보해서는 안 된다는 태생적 명분을 기저에 끌어안고 있는 것일지도 모른다.

"저는 친구가 많아요."

"저 사람은 인맥이 자산이야."

"인간관계가 좋아야 성공해."

"법 없이도 살 호인이야."

우리는 동양사회에서 지금까지 이러한 이데올로기(Ideology, 이념) 속에서 휴머니즘이 모든 철학의 기본이고, 어떠한 그 누구도 이것에 흠집을 내는 순간 악의 축으로 정의되어 마녀사냥의 대상이 되고 말 것이라는 것을 이미 뼛속 깊이까지 알고 있기 때문일지 모른다.

시스템이라고 하는, 어찌 보면 기계 덩어리, 어찌 보면 무형의 프로그램 따위가 어떻게 만물의 영장인 사람보다 더 위에 설 수 있으며, 그 결과로 인간은 가치의 대상에서 후순위로 쫓겨나는 처량한 신세가 될 수 있느냐에 대한 자기 방어적, 혹은, 태생 본능적 행태 때문일지도 모른다.

그러나 창업을 하여 사람을 들이고 사람을 내쳐 본 사람이라면 이러한 지적에 공감할 수 있다고 나는 생각한다.

직원들은 면접 때, 이 회사에 뼈를 묻겠다고 한결같이 답변한다. 이 회사와 운명을 함께 하겠다고 결의를 보여준다. 믿음이 간다. 그러나 그러한 직원들 중에 대부분은 석 달을 못 넘기고 다른 회사로 이직했다. 어떤 친구는 한 달이 딱 되어 월급이 나오자, 그날 짐을 싸서 인사도 없이 사라졌다.

기업이란 크던 작던 역할이 있어서 직원을 채용하는 것이다. 그냥 데려다 놓고 아무 일 없이 돈 주는 곳은 없다. 일이 있으니 돈을 주는 것이다. 다시 말해, 퇴직을 할 때는 인수인계란 것을 해야만 그 기업 입장에서는 업무가 단절되지 않는다는 것이고, 떠나는 사람이 충분히 예고기간을 주어야만 기업 입장에서는 새로운 후임자를 뽑거나 타 부서에서 지원 요청할 수 있는 것이다.

내가 겪은 직장인 중에 단연 최악인 Y씨(우리 회사 대표이사였다)는 지난 6년 간 회사 생활을 하면서 단 한 번도 자기 업무를 정리, 정돈한 적이 없었다. 누차 지적을 하고 화를 내보아도 그저 하는 척만 할 뿐, 태생적으로 뇌구조 자체가 정리란 로직 체계가 없는 사람이었다.

Y씨에게 회사 거래처 명함 정리를 시켰는데, 3개월이란 시간과 아르바이트생 고용비 200만 원이 들었으나 결국 정리가 안 되어, 새로 정직원 A씨를 뽑아 2개월만에야 정리할 수 있었다. 명함은 고작 A4크기의 파일 2권이었는데 말이다.

심지어, 회사 기안문과 계약서 정리에는 2년이란 시간과 무려 총 4천만 원이라는 인건비가 별도로 들었다. 첫 해는 남자 신입사원 R씨가, 두 번째 해는 여자 정직원 차장이었던 K씨가 그 일을 맡았으나, 그 K차장은 Y씨와의 실갱이에 지쳐 '절 싫으면 중이 떠난다.'며 3개월째에 퇴사해 버렸다.

기업에서 업무를 수행하는 사람이라면 직위 고하를 떠나, 자신의 업무에 대해 정의하고 그것을 매뉴얼화하며, 그간의 히스토리를 정리하여 문제점과 해결점을 제시할 수 있어야 한다. 프로세스는 '절차'이면서 '의사결정 구조'이고, 위기관리를 위한 '대안'이다. 업무의 시작점인 A에서부터 최종 종결점인 Z까지의 일련의 과정을 모두 꿰뚫고 있지 않으면 만들어낼 수 없는 것이다. ERP(enterprise resource planning)란 것도 기업 내에 이러한 프로세스를 전자적으로 구현하는 것인데, 통상 기업 컨설팅에만 4~6개월이 소요된다. 프로세스를 만든다는 것은 그 기업의 돈 벌이 구조와 직원들의 근무형태, 거래처 및 고객과의 소통 방식 등이 총체적으로 체계화 된다는 점에서 '자산'이며 지향해야 할 '목적지'란 생각이 든다.

C 기업의 대표이사 이야기는 해석과 평가가 분분할 수 있다. 그러나 적어도 한 가지! 창업을 하고 기업을 유지해 나아가야 하는 경영주의 입장에서는 기업이 체계화된 프로세스를 갖추고 루틴한(Routine, 늘 반복되는) 시스템을 위에서 구동되길 희망할 것이다. 사람이 들고 나고 거래처가 바뀌더라도 기업이라고 하는 생명체는 그 스스로가 자생하여야 함에는 이견이 있을 수 없기 때문이다.

"당신이 골프를 치고 있는 이 순간에도 통장에 돈이 찍히는…"

TV CF 광고의 문구가 생각난다.

직원 교육-개인 정보 보호 교육

1. 개인정보 보호법의 필요성

개인정보의 처리 및 보호에 관한 사항을 정함으로써 개인의 자유와 권리를 보호하고, 나아가 개인의 존엄과 가치를 구현함을 목적으로 정해진 법률로 개인정보 보호법 제 28조(개인정보취급자에 대한 감독)에 따라

1) 개인정보처리자는 개인정보의 적정한 취급을 보장하기 위하여 개인정보 취급자에게 정기적으로 필요한 교육을 실시하여야 합니다.

2) 개인정보처리자는 개인정보를 처리함에 있어서 개인정보가 안전하게 관리될 수 있도록 임직원, 파견근로자, 시간제근로자 등 개인정보처리자의 지휘, 감독을 받아 개인정보를 처리하는 자(이하 "개인정보취급자"라 한다)에 대하여 적절한관리 감독을 행하여야 합니다.

2. 필수이행사항

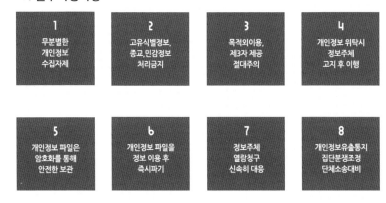

1 무분별한 개인정보 수집자제	**2** 고유식별정보, 종교,민감정보 처리금지	**3** 목적외이용, 제3자 제공 절대주의	**4** 개인정보 위탁시 정보주체 고지 후 이행
5 개인정보 파일은 암호화를 통해 안전한 보관	**6** 개인정보 파일을 정보 이용 후 즉시파기	**7** 정보주체 열람청구 신속히 대응	**8** 개인정보유출통지 집단분쟁조정 단체소송대비

직원 교육-성희롱 예방 교육

1. 성희롱 예방교육 의의

직장 내 성희롱 예방교육은 직장 내에서 불쾌한 성적 언동 등으로 근로자가 정신적, 육체적, 물질적으로 피해를 입은 것으로 막기 위해 실시하는 교육으로 고용노동부의 주관 하에 남녀고용평등과 일/가정양립지원에 관한 법률에 의거 "사업주는 직장 내 성희롱을 예방 근로자가 안전한 근로환경에서 일할 수 있는 여건을 조성하기 위하여 직장 내 성희롱을 예방교육을 연1회 1시간 이상 실시하여야 한다."라고 규정, 〈법률 제39조 제3항〉이를 위반하는 경우에는 300만 원 이하의 과태료를 부과할고 있다.

2. 직장내 성희롱 예방 교육의 필요성

모든 근로자는 직장 내 성희롱 없는 사업장에서 자유롭게 일할 권리를 가지고 있다. 직장 내 성희롱은 피해를 입은 당사자에게는 심리적 불안감과 성적 굴욕감/혐오감으로 업무를 제대로 수행할 수 없게 만들고, 마음에 깊은 상처를 남기게 되며, 직장 내 성희롱은 행위자에게는 사회적 비난과 심리적 부담을 안게 만들며, 직장에서 징계조치를 받을 수 있어 경력 상에 큰 오점을 남김은 물론 경제적 손실을 입게 된다.

직장 내 성희롱은 고용환경을 악화시켜 생산성의 저하는 물론 법적 소송 등으로 이어질 경우 기업이미지 손상을 가져오고 소송비용, 손해배상, 퇴직 및 신규임용 등에 다른 기업 부담을 가중시키기에 철저한 교육으로 예방하여야 한다.

3. 성희롱 예방 교육의 내용

남녀고용평등법시행령 제4조 예방교육의 내용에는 다음 사항이 반드시 포함되어야 한다.

1	2	3
피해 발생시 처리 절차 및 조치 기준	피해 발생시 고충 상담 및 구제 절차	이외에 성희롱 예방 & 처리 규율

직원 교육-아동 성폭력 예방 교육

1. 아동학대 가해자의 83%는 부모

사랑이란 이름으로 학대당하는 우리 아이들의 도움. 우리가 해야 할
때다. 나도 모르는 순간 아이들에게 행해지고 있는 학대의 유형을
알아보자. 아이들과 함께 하시는 선생님들께서 반드시 알고 있어야
하는 학대 받는 아이들에게 나타나는 징후들을 미리 교육을 통해
익혀 아이들을 지켜주는 역할을 해주자.

2. 아동 학대&아동 성폭력 예방 교육 내용

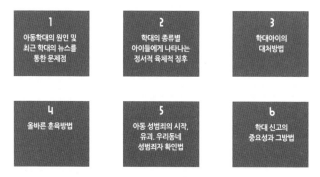

1	2	3
아동학대의 원인 및 최근 학대의 뉴스를 통한 문제점	학대의 종류별 아이들에게 나타나는 정서적 육체적 징후	학대아이의 대처방법
4	5	6
올바른 훈육방법	아동 성범죄의 시작, 유괴. 우리동네 성범죄자 확인법	학대 신고의 중요성과 그방법

직원 교육-산업안전보건 교육

1. 산업안전 교육 의의

근로자가 안전하게 업무를 수행할 수 있도록 하기 위해 안전의 중요성을 인식시키고, 또 담당하고 있는 작업에 대해서 구체적으로 안전한 작업 방법에 대한 지식이나 기능을 습득하도록 교육을 실시하는 것이 의무화가 되었다. 이는 근로자에게 작업에 대한 안전태도를 양성하도록 하며, 안전관리에 있어서 실제적인 효과를 올리도록 하기 위함이다. 근로자의 불안전한 행동이나 불안전한 상태에 대한 무관심이 바람직한 본연의 자세로 개선하기 위해 항상 그들에 대한 의식의 향상과 대안 교육이 필요하다.

2. 산업안전 교육 필요성

*산업안전보건법 제 31조
(안전보건교육) 지침 위반시 벌칙금 500만원

꼭 알아야 할 세금 3가지

(1) 종합소득세

종합소득세는 여러 가지 소득을 종합해서 그 종합소득에 대한 세금을 내야 한다는 뜻이다. 즉 종합소득세를 제대로 이해하려면, 이 소득의 종류부터 잘 알아야 합니다. 소득의 종류는 다음과 같이 구분한다.

제 4조(소득의 구분) 거주자의 소득은 다음 각 호와 같이 구분한다<개정 2013.1.1.>
1.종합소득:
이법에 따라 과세되는 모든 소득에서 제2호 및 제3호에 따른 소득을 제외한 소득으로서 다음 각 목의 소득을 합산 것

가.이자소득   나.배당소득   다.사업소득   라.근로소득   마.연금소득   바.기타소득

2.퇴직소득
3.양도소득

(2) 부가가치세

부가가치세는 국세, 보통세, 간접세에 속하고 부가가치세는 모든 재화 또는 용역의 소비행위에 대하여 부과되는 일반소비세이며, 조세의 부담이 거래의 과정을 통하여 납세의무가 있는 사업자로부터 최종소비자에게 전가되는 간접소비세이고, 모든 거래단계에서 생성된 각각의 부가가치에 부과되는 다단계거래세의 성격을 가진다.

① 소비세 - 소비세란 말 그대로 소비를 하는 것에 대해서 내는 세금입니다. 예를 들어 우리가 5500원짜리 커피를 마실 때

판매금액: 5000원
부가세: 500원
합계: 5500원
이라고 적힌 영수증을 볼 수 있습니다. 이때, 물건값을 10%인 500원이 소비세다.

② 간접세 - 부가가치세는 소비자가 소비를 하면서 내는 소비세다. 이건 소비자의 세금인데, 이 세금을 판매자에게 냈기 때문에 판매자는 국가에 신고하고 납부를 해야 하는 의무가 있다. 즉 부가가치세의 납세의무자는 소비자이지만, 그 조세부담자는 판매자인 것. 이렇게 납세의무자와 조세부담자가 다른 세금을 간접세라고 한다.
결국, 판매자가 부가가치세를 신고 할때는 손님에게 받은 부가세를 모두 내는 것이 아니고 본인이 창출한 부가가치에 대한 세금을 계산해서 내는 것이다.

(3) 원천세

원천세란 '원천징수'라는 표현이 더 정확한데 '누군가에게 소득을 지급할 때, 소득을 원천적으로 징수하여 세무서에 납부'한다는 의미. 즉 원천세는 누군가의 소득가 되는 것이다.

4대 보험

4대 보험(건강보험, 국민연금, 고용보험, 산재보험)은 엄밀히 말하면 사회보험으로 세금은 아니지만, 강제성을 갖고 있으므로 여기서 알아보자.

4대 보험은 소득활동을 하는 직장인과 사업자가 가입대상은 물론이고 소득이 없는 사람도 재산 규모에 따라 최소한 건강보험료는 반드시 납부해야 한다.

	종합소득세	부가가치세	원천세	4대보험 (세금은 아니지만 세금 같은 느낌?!)	
납세의무 사업자	모든 사업자	과세상품을 취급하는 모든 사업자(일반과세자, 법인사업자, 간이과세자)	직원이 있는 사업자, 프리랜서를 고용하는 사업자 등	모든 사업자	
납세방법	신고납부 (사업자가 직접 세액을 산출해서 신고/납부할 의무가 있음)			고지납부 (급여지급 시 4대보험료를 원천징수해야 함)	
담세자 (세금을 부담하는 사람)	사업자	소비자	근로자/프리랜서	근로자	사업자
		사업자의 세금이 아님!(간접세)			
납세자 (세금을 납부하는 사람)	사업자 (직원의 소득세와 4대보험료 등에 대한 납세의무가 사업자에게 있으므로 급여지급 시 원천징수를 꼭 해야 함)				
과세대상	사업자 소득의 합 (사업소득, 근로소득, 이자소득, 배당소득, 연금소득, 기타소득)	구매하는 재화나 용역의 부가가치	지급하는 타인의 소득 (직원의 소득, 프리랜서의 소득 등)	*직원이 없는 경우 사업자 본인의 건강보험/ 국민연금(지역가입)	*직원이 있는 경우 사업자 본인의 건강보험/ 국민연금 (직장가입)+ 직원의 4대보험
세율	6~42%	10%	*상용근로자 : 6~42% (간이세액표) *일용근로자 : 2.7% *프리랜서 : 3%	*국민연금(소득의 9%) *건강보험(6.52%) *고용보험(1.55%) *산재보험(1.9%)	
과세기간	1년 (1~12월)	6개월 *1~6월 : 1기 *7~12월 : 2기 (간이과세자는 1년)	매월 (반기별신고 신청 시 6개월)	매월	
세무일정	*확정신고 : 매년 5월 *예정고지 : 매년 11월 (작년 확정신고 금액의 50%)	*확정신고 : 1월, 7월 *예정고지 : 4월, 10월 (직전 신고금액의 50%)	*지급인의 다음달 10일까지 신고/ 납부(반기별신고 신청시 1월, 7월에만 신고/납부 가능)	매월 고지 납부	

- 4대보험 가입대상의 구분

4대 보험 중 고용보험과 산재보험은 직장인만 해당 하지만 의무는 아니다. 건강보험과 국민연금은 지역가입자와 직장 가입자 두 가지 로 구분되는데 직원은 직장 가입자로 가입을 해야 하고, 직원이 없 는 사업자는 지역가입으로 가입을 하여야 한다.

4장

기업은 가치로
평가 된다

기업은 가치로
평가 받는다

    Price는 가격이다. 가격이 높으면 품질이 높을 것으로 기대하고, 실제로도 그런 경우가 많다. 품질이 동일하다면 가격이 낮을수록 좋다.

"만 원"

    적지 않은 돈이다. 그러나 가질 수 없을 만큼 큰돈은 아니다. 이쑤시개 1개가 만 원이면 엄청 비싸게 느껴진다.

"금으로 만들지 않고서야 어떻게 이쑤시개 하나가 만 원이란 말인가?"

손목시계가 만 원이면 품질을 의심하기 시작한다.

"뭐가 그리 싸? 중국제야? 플라스틱이야?"

Value다!

Price가 높더라도 Value가 높으면 우리는 기꺼이 지갑을 연다. 스위스 자동 무브먼트에 티타늄을 소재로 만든 만 원짜리 시계라면 그냥 보이는 즉시 사야한다. 허접한 플라스틱 이쑤시개 하나가 만 원이라면 당했다는 생각이 들며 불쾌감까지 들게 된다. 최신형 기아 더K9 풀옵션 승용차를 3천만 원에 구매할 수 있는데, 울릉도에서만 특별 행사를 한다고 치자. 아마도 배를 대절해서라도 가서 구매해 올 것이다. Value, 즉 그만한 대가를 치를 만큼 가치가 있기 때문이다!

어떤 소방원이 한 아이를 구하기 위해 불길로 뛰어 들었고, 그 아이를 구하고 소방원은 순직하였다. 그 소방원의 죽음 값은 얼마일까? 그 죽음은 가격으로 산정할 수 없다. 그것은 숭고함, 위대함, 혹은 존경과 경의로 의미부여를 한다. 가격과 가치를 뛰어 넘는 것은 '의미' 인 것이다!

많은 사람들은 영어의 Value와 Values를 잘 구분 못한다.

Values는 Value의 단순한 복수형이 아니다. 그것은 한국말로 '의미'로 치환된다. 가치가 중첩되면 의미로 승화되는 것이다. '형_이하_학'에서 '형_

이상_학'으로 근본 자체가 바뀌는 것이다(일부러 띄어쓰기를 했다. '형이_상학'이 아니다. '형체' 이하의 학문을 말하는 것이다. '이비인_후과'가 아니다. '이+비+인후: 과'다. 단어 하나만 신경써서 풀이해도 근본 원리가 보인다. 원리를 알아야 응용력이 좋아지고, 그것이 바로 창의력이다. 연습하자!).

기업은 가치를 창출하는 곳이다.

자본주의의 꽃은 법인, 즉 주식회사이다. 회사의 자본을 나누어 가진 사람들이 주인인 곳이다. 돈을 얼마 투자하여 주권을 확보했느냐에 따라 그 기업이 창출한 이익과 가치를 배당이라는 형태로 되돌려 받는다. 주식회사의 주인은 주주이다. 대표이사는 이들 주주의 권익을 위해 일하는 자다. 절대 잊지 말아야 한다!

법인이 매출을 올리는 이유는 무엇일까? 매출이 높아져야 순이익이 많아지기 때문이다. 순이익은 회사가 마음 놓고 쓸 수 있게 된, 즉 '정제된 돈'이다. 순이익으로 설비 투자를 하든, 직원들 인센티브를 지급하든, 죄가 되지 않는다.

매출이 높지 않더라도 순이익이 높으면 매출만 깡통으로 높은 회사보다 환영받는다. 매출이 10억이더라도 순이익이 30%면 3억이 남게 되는데, 이는 대부분의 굴뚝회사(구식 제조회사를 칭하는 표현이다)의 80억~100억의 매출과 맞먹는 것이다. 경쟁이 치열한 레드오션의 생산 기반 제조 기업들은 순이익을 4% 남기기도 바쁜 것으로 알려져 있다.

기업 가치를 평가할 때, 통상은 매출을 먼저 보지만, 요즘은 순이익이 30~40%를 훌쩍 넘기는 IT 기업들이나 바이오 기업들이 많다보니, 매출보다 순이익을 살피는 경우가 많아졌다.

기업의 가치는 회원 수로도 평가된다. 카드사의 경우는 '회원수 X OOO원=기업가치'이란 산식이 마치 공식처럼 된지 오래다. 인터넷 포털사, 이메일 회사, 얼굴책 회사, 초코렛 톡 회사 등도 회원 수로 기업 가치를 인정받아 사업을 확장하고 있는 회사다. 직원들의 학력, 경력, 근속연수도 가치 평가에 산입이 된다. 스타트업 회사들이 박사 학위 소지자나 유명 대기업 출신자를 선호하는 것도 그 이유다.

당연히, 회사가 보유하고 있는 특허, 건물, 자동차, 현금도 가치평가에 합산된다. 큰 기업과의 제휴 협약서나 물품 거래 계약서는 중요한 평가 항목이다. 어떤 기업은 S전자 납품 계약서 하나로 수십억을 펀딩받은 사례도 있다. 해외 유전 사업을 Y사는 매장량 국제 공증서 하나로 어음과 같은 효력을 만들어 내기도 했다. 돈이 보이면 투자는 따라 붙게 되어 있다.

기업이 고객이 원하는 제품을 시장에 출시하여 매출을 올리고, 비용을 아껴 순이익을 증대시키며, 좋은 인재를 구성하여 독창적 연구도 하고 다수의 특허도 출원하며, 고객 관리를 통해 고정 회원 수를 늘리고 브랜드 인지도도 넓히며, 대외 협력을 강화하여 협약을 체결하고 각종 계약을 성사시키며, 건물도 구매하고 예, 적금으로 이자수익과 투자수익을 마련하는 이 일련의 과정은 모두가 '기업 가치' 향상을 위한 것임을 잊지 말아야 한다!

기업은 매출로 평가 받는 것이 아니다.

기술력으로만 평가 받는 것도 아니다.

유명한 브랜드라고 모두 좋은 회사는 아니다.

기업은 종합적인 '가치'로 최종 평가되는 것이다.

기업을 평가하는 증권가의 애널리스트들은 어떤 기업은 미래에 벌어들일 수익을 감안할 때, 지금은 저평가 되어 있다고 하고(PER가 낮다고 한다), 어떤 기업은 지금 이미 충분히 높이 평가되어서 앞으로는 빼 먹을 것이 별로 없다고 흥미 없어 한다.

창업을 해서 기업을 일으키는 길로 접어든 사람이라면 현실에만 함몰되지 말고 자신의 기업이 애널리스트들이나 투자자들의 구미에 맞는, '투자하고 싶은 기업'인가를 한번 돌아볼 필요가 있다.

투자자들이 매력을 느껴하는 기업이 반드시 훌륭한 기업이라고 단정 짓기는 어렵다. 그러나 적어도 앞으로 사업을 하는데 자금 부분에서는 도움을 받으면서 확장을 해 나아갈 수 있으며, 다른 경쟁자들보다 더 빠르고 쉽게 정상으로 올라 설 수 있다는 것은 분명한 사실이다.

정부과제에
홀릭하자

이제 막 창업을 한 스타트업 기업에게 정부과제는 오아시스와 같은 것이다. 정부과제는 정부가 학문과 기술을 부흥시키기 위해 범국가적으로 배포하는 돈이다. 혹자는 눈 먼 돈이라고도 하지만, 나는 이 돈을 이런 표현으로 격을 떨어뜨리거나 가볍게 치부하고 싶지 않다. 사실, 참으로 숭고한 돈이라 하고 싶다. 나는 정부과제 덕을 크게 보았다. 은혜로운 돈이다.

정부과제는 창업자 입장에서 가장 큰 장점은 대가로 지분을 요구하지 않는다. 엔젤투자든 기관투자든 모두 회사의 지분을 요구한다. 잘못하면 뼈 빠지게 일은 내가 하고, 꼴랑 몇 천 투자한 투자자들은 앉아서 배당금 받는 상황이 나온다. 별로 회사 운영하고픈 욕구가 안 생긴다.

둘째, 정부과제는 산출물에 대해 권리 주장을 하지 않는다. 그냥 과제 기간이 끝나서 정부에 최종보고 잘 하면 된다. 라이선스는 본인 꺼다. 정부과제의 기본 취지는 대한민국이 필요로 하는 연구나 기술이 누군가에 의해 정리되어 국가 내에 존재하면 되기 때문에 '통이 큰 어르신'으로 보면 된다. 다만, 기술료를 지불해야 하는데, 이는 일시불로 납부하거나 해당 과제로 발생된 매출액에 연동하여 지불해도 되기 때문에 부담은 없다.

그러나 분명히 알아야 할 점은 정부과제는 결코 호락호락하지 않다는 것이다. 연구노트를 비롯, 각종 회계증빙이 무척 깐깐하기 때문에 설렁설렁 생각했다가는 과제 종료일에 돈을 모두 토해내야 할 수도 있다. 연구나 기술개발도 껄렁껄렁 대충 베껴서 했다가는 불성실 판정이 나서 두 번 다시 정부과제와 인연을 맺지 못하게 될 수도 있다(당연, 전산으로 관리된다).

정부과제는 과학기술정보통신부와 중소벤처기업부 등의 홈페이지를 검색해보면 다수의, 다종의 과제가 있음을 확인할 수 있다. 시기도 제 각각이고 금액 규모도 천차만별이다.

특히, 최근에는 중소벤처기업부에서 창업기업을 대상으로 한 다양한 프로그램들이 있어서 내 돈 안 들이고도, 내 지분 안 쪼개 주면서도 충분히 초기 사업을 테스트해볼 수 있다. 창업을 지원하기도 하고, 시제품 제작을 지원해 주기도 한다. 청년창업의 경우는 기회가 더 많다.

정부과제를 지원하면서 어떻게 하면 합격할 수 있느냐는 질문을 하는 사람들이 많다. 나는 빽이 쎄면 된다고 말해준다. 장관이랑 알거나 대통령을 알면 더 좋다고 말해준다. 모두 말도 안 되는 객적은 이야기다.

정부과제에 합격하기 위해서 가장 중요한 포인트는 아이러니컬하게도 공고문을 잘 해석하라는 것이다. 출제자 의도를 정확히 파악하고 철저히 준비를 해야만 한다. 의외로 이를 무시하는 사람들이 많아서 하는 이야기다. 대부분은 출제자의 의도와는 전혀 다른 방향으로 기획을 하기도 하고 어느 포인트에서 점수를 따야 하는지 강조점도 정확히 해석하지 못한다. 그냥, 자기 생각과 고집대로만 지원을 한다.

과제들은 모두 전년도에 이미 수요조사를 거쳐 다음 해의 테마를 정하는데, 발빠른 회사들은 미리 이를 준비해서 각 기관이나 정부부처에 자사의 의견을 수요조사에 반영되도록 의견서를 제출하기도 한다. '내년에는 블록체인 기술을 국가의 전략기술로 고도화 시켜보자!'라고 정책을 결정했으면 과제도 그에 준해서 나오게 된다. 블록체인에 대해 준비한 분들에게는 유리하겠지만, 농산물 자동화를 준비했던 분들에게는 불행한 소식이겠다.

그러나 1년 동안 과제는 다양하게 제시가 되기 때문에 농산물 자동화와 관련된 과제가 나올 확률도 없지는 않다. 예컨대, 시스템 자동화 관련 과제가 나온다면 바로 응시 가능할 테고, 어떤 경우는 자유주제로 제한 없이 과제가 나오기도 한다. '모든 창업자'가 도전할 수 있는 창업 도전과제도 있다. 그냥 창업한 지 2년 이내일 경우 지원 가능하다(경우에 따라 7년 이내일 경우도 있다).

과제 기획서를 작성할 때는 공고문이 요구하는 사항을 잘 준비해 넣어야 한다. 제휴를 강조하고 있다면 어디에 가서든 제휴서 몇 장이라도 날인 받아 와야 점수를 받을 수 있고, 특허가 가점을 받는 과제라면 하다못해 서둘러 당장 출원을 하는 한이 있더라도 특허 출원 번호라도 받아 놓는 것이 없는 것보다 낫다. 남의 특허를 '통상 실시권' 형태로라도 계약을 체결해 오면 그 특허는 내게 권리가 있는 것이니 과제 가점에 반영된다.

기획서는 장황하고 복잡하기보다 명료하고 이해가 빨리 될 수 있는 것이어야 한다. 대부분의 과제 심사관은 외부 교수이거나 전문가(변리사, 회계사)일 경우가 많은데, 그들은 공정성 문제로 제한된 장소에서 제한된 시간 안에 심사 해야하기 때문에 가독성 떨어지는 기획서는 합격이 어려울 수 있다.

과제는 최초 제안서 제출 시, 증빙을 모두 제출해야만 한다. 공정성이 생명이기 때문에 추후 제출한 서류는 아무리 좋은 내용이라 할지라도 점수에 반영이 안 된다. 서류심사를 통과한 제안자는 발표평가에 초대된다.

발표평가에서 대부분은 심사관이 발표자를 보지 않는다. 귀로는 발표 내용을 들으면서 눈으로는 제출한 제안서 일체와 당일의 프리젠테이션을 함께 교차로 본다. 심사위원들이 발표자에게 주목하지 않더라도 자신감 있게 발표하자!

이때, 반드시 주의할 점은 주어진 시간을 절대로 넘겨서는 안 된다는 점이다. 절대로 자비는 없다. 경쟁자가 수백~수천 명이기 때문에 이는 어쩔 수 없다.

과제에 합격한 다음에는 협약을 체결하고 지원금을 지급해준다. 몇 년 전까지만 해도 통장에 돈을 바로 넣어 주었으나, 최근에는 해당 지출항목 필요 시 마다 청구하면 공급처에 대금을 대신 지급해 주는 형태로 많이 바뀌었다. 과제마다 다르니 확인하자.

정부과제는 창업자 입장에서는 엔젤 중의 엔젤투자자란 점 잊지 말자!

처음 창업을 해서 제품을 개발하다 보면, 보통 2~3번 시행착오를 겪고 새롭게 제품을 출시해야 하는 경우가 있다. 생각보다 상용화라는 것은 쉽지 않기 때문이다. 정부과제를 잘만 활용하면 이러한 실패로 인한 피해를 최소화할 수 있다.

사람들이 잘 모르는 것 같은데, 가수 정수라 노래처럼 대한민국은 생각보다 참으로 괜찮은 나라다!

대출 VS 투자

돈.

전에 임플란트 회사 사장 한 분이 이런 말을 했다.

"돈이란 것이 소비재가 있고, 생산재가 있어요. 여행가고 자동차 사고 술 마시고 그런 거는 소비재로서의 돈이고, 우리 같은 사업하는 사람들에게 돈은 생산을 위해 필요한 재료지, 생산재."

'投資'(투자), '資金'(자금) 할 때의 '資'(자)는 바로 생산재로서의 돈을 이야 기한다. 목적성이 있고, 더 불어남을 기대하는 돈이다. 왜 이런 말을 하는

지 일부 눈치 빠른 독자들은 이미 간파하셨으리라⋯ 투자는 대출보다 더 심할 수 있다는 이야기를 하기 위해 이러한 서두를 꺼내는 것이다.

나는 사업 초기부터 회사를 팔거나(M&A) 투자(Funding)를 받는 것에 많은 시간과 노력을 투입했다. 그 당시는 우리나라는 참 거지같다고 투덜거리며 다녔던 것 같다. 천민자본주의니, 이게 투자냐? 사채냐? 하면서 말이다.

그런데 엔젤투자를 받아 보고, 기보니 신보니 대출도 받아보고, 거기에 얼마 전 대형 기관투자 심사까지 받아 보면서 생각에 이런저런 변화가 일었다. 투자자의 입장을 이해하게 되었다고나 할까? 아니면 투자의 생리를 파악하게 되었다고나 할까?

대출은 말 그대로 빌리는 것이다. 자신의 신용을 토대로 돈을 빌리는 것을 신용대출이라고 하고, 아파트나 땅 등의 부동산을 담보로 돈을 빌리는 것을 담보대출이라고 한다. 사업하는 사람은 이자를 꿰뚫고 있어야 한다. 일반 시중은행에서 돈을 빌리기 위해서는 까다로운 조건을 통과해야 한다. 사람도 성인이 되고 직장을 다니며 이른 바, '경제적 능력'이 있음을 보여야 대출이 가능하다. 어린 미성년에게 대출을 해주는 은행은 전 세계 어디에도 없다. 나이가 많더라도 경제적으로 무능하면 역시 돈을 빌릴 수 없다.

마찬가지로 법인(회사)도 똑같다. 새로 생긴 신생 법인은 어린아이와 같다고 보면 된다. 미성년 상태의 회사에는 은행에서 돈을 꾸어주지 않는다.

매출이 발생하고 순이익률이 일정 기준 이상일 때, 그리고 기간도 본다. 일시적인 현상인지 지속 가능한 매출과 수익인지도 은행이 지켜보고 평가한 후에야 돈을 꾸어 준다는 것이다.

은행은 대출에 앞서, 기업평가를 한다. 신용평가라고 하지만, 그 회사의 가능성을 평가하는 일종의 기업가치 평가로 보는 것이 적합하다. 회사의 구성원과 대표이사의 학력, 경력… 즉 인적 자원의 잠재력도 평가하고, 자본금의 규모와 주주들의 구성도 본다. 그 회사가 가지고 있는 특허나 제품 혹은 노하우도 중요한 평가 요소다. 자기 건물을 가지고 있는지? 타 회사와 납품계약이나 협력 계약이 체결되어 있는지 등도 반드시 챙긴다. 그리고 최근 2~3년 간의 매출 증가 추이와 순이익 변화 추이도 함께 그래프화 하여 향후 가까운 미래에(3~5년 이내), 혹은, 중장기 미래에(5년~10년 이후) 이 회사가 어찌 변모할 지에 대해서도 판단하여 보고서를 만들어낸다. 기업가치 평가 보고서다.

이 평가 보고서에서 대출 가능한 회사로 등급을 받기 위해서는 어지간한 노력으로는 되지 않는다. 가장 어려운 것은 그래프가 나오기 위해서는 한 해만 불쑥 잘해서는 되지 않는다는 것이다. 최소 2년 이상의 연속된 영업활동이 증명되어야 하는 것이다. 영업. 이을 '營'에 업 '業'이다. 업이 이어지고 있어야 하는 것이다.

새로 생긴 신생 기업은 이러한 이을 영이 잘 되지 않는다. 오히려 초창기

회사는 마이너스일 경우가 많다. 초기 투자비용 때문이다. 그래서 제도화
된 것이 기술보증과 신용보증이란 제도다. 정부에서 그 회사의 기술을 평
가하여 그 기술로 보증을 서 주고, 그 보증을 토대로 시중은행이 돈을 대
출해주는 제도다. 사람들이 잘 모르는데, 무조건 새로 만든 작은 회사라고
해서 벤처기업이 아니다. 국가가 지칭하는 벤처기업은 따로 규격이 있다.
통상은 기보에서 기술을 평가 받아 대출을 받게 된 경우가 벤처기업으로

벤처기업 인증 방법

벤처유형	기준요건	평가기관
유형1 벤처투자기업	1. 벤처투자기관으로부터 투자받은 금액이 자본금의 10%이상일 것(단, 문화상품을 제작하는 법인은 자본금의 7%이상일 것)※ 벤처투자기관 : 중소기업창업투자회사, 중소기업창업투자조합, 신기술사업금융업자, 신기술사업투자조합, 한국벤처투자조합, 투자전담회사, 기타 대통령령으로 정하는 기관 2.투자금액이 5천만 원 이상일 것	한국벤처캐피탈협회
유형2 연구개발기업	1. 기초연구진흥 및 기술개발지원에 관한법률 제14조 제1항 2호에 의한 기업부설연구소 보유 (한국산업기술진흥협회에서 인증한 기업부설연구소 인증서 보유) 2. 업력에 따라 아래 기준을 충족할 것 창업 3년 이상 기업 : 벤처확인요청일이 속하는 분기의 직전 4분기의 연간 연구개발비가 5천만 원 이상이고, 연간 매출액 대비 연구개발비 비율이 기준 이상일 것. 창업 3년 미만 기업 : 확인요청일이 속하는 분기의 직전 4분기의 연간 연구개발비가 5천만 원 이상일 것(연구개발비비율 적용제외)※직전 4분기란? 확인요청일이 2010년 5월 1일의 경우 2009년 2,3,4사분기, 2010년 1사분기를 말함.즉 2009.04.01~2010.03.31까지임 3. 연구개발기업 사업성평가기관으로부터 사업성이 우수한 것으로 평가 ※사업성평가표 65점 이상	기술보증기금 중소기업진흥 공단

벤처유형	기준요건	평가기관
유형3 기술평가 보증기업 (보증 승인만으로 벤처 인증 가능)	1. 기보로부터 기술성이 우수한 것으로 평가 2. 기보의 보증(보증가능금액 포함) 또는 중진공의 대출(보증가능금액 포함, 직접 취급한 신용대출에 한함)을 순수신용으로 받을 것 ※기보 : 기술평가보증에 한함 ※중진공 : 창업기업지원자금/개발기술사업화자금/신성장기반자금 중 녹색·신성장자금/투융자복합금융자금 ※벤처특별법 개정 시행일('06.6.4)이후 취급한 보증 및 대출에 한함 3. 상기 2 의 보증 또는 대출금액의 각각 또는 합산금액이 8천만원 이상이고, 당해기업의 총자산에 대한 보증 또는 대출금액 비율이 5% 이상일 것 ※창업 후 1년미만 기업 : 보증 또는 대출금액 4천만 원 이상 (총자산대비 비율은 적용배제) ※보증금액 10억 원 이상인 기업은 총 자산대비 비율 적용배제 ※보증 또는 대출금액을 합산하는 경우 그 금액이 많은 확인기관에 벤처확인신청함	한국벤처 캐피탈협회
유형4 기술평가 보증기업 (대출 승인 만으로 벤처 인증 가능)	1중진공으로부터 기술성이 우수한 것으로 평가 2. 중진공의 대출(대출가능금액 포함, 직접 취급한 신용대출에 한함) 또는 기보의 보증(보증 가능금액 포함)을 순수신용으로 받을 것 ※기보 : 기술평가보증에 한함 ※중진공 : 창업기업지원자금/개발기술사업화자금/신성장기반자금 중 녹색·신성장자금/투융자복합금융자금 ※벤처특별법 개정 시행일('06.6.4)이후 취급한 보증 및 대출에 한함 3. 상기 2의 보증 또는 대출금액의 각각 또는 합산금액이 8천만 원 이상이고, 당해기업의 총자산에 대한 보증 또는 대출금액 비율이 5% 이상일 것 ※창업 후 1년 미만 기업 : 보증 또는 대출금액이 4천만 원 이상 (총 자산대비 비율은 적용배제) ※보증금액 10억 원 이상인 기업은 총자산대비 비율 적용배제 ※보증 또는 대출금액을 합산하는 경우 그 금액이 많은 확인기관에 벤처확인신청함	중소기업 진흥공단
유형5 예비벤처기업	1. 법인설립 또는 사업자등록을 준비중인 자 2. 상기 1의 해당자의 기술 및 사업계획이 기보, 중진공으로부터 기술성이 우수한 것으로 평가	한국벤처 캐피탈협회

*벤처 인증 기업에서는 법인세 50% 감면 등 다양한 혜택이 부여된다.

인정되는 지름길이다. 정확히는 해당 기업의 기술을 평가하여 벤처기업 자격을 부여한 후, 그 벤처기업에 대출을 보증한 후, 은행이 대출을 시행하는 과정이라고 보면 정확하다. 필자도 돈이 필요해서가 아니라, 벤처 인증이란 것을 받기 위해 기보에서 대출을 신청했고, 그 결과로 대출을 받고 벤처기업으로 인증을 받았다.

벤처 인증을 받는 방법은 기보 대출 외에도 몇 가지 트랙이 있다. 이는 벤처기업협회 홈페이지(https://www.venture.or.kr)를 참조하면 이해가 빠르다.

마찬가지로 신보, 즉 신용보증보험의 대출도 위와 유사한 과정을 거친다. 다만, 신보는 벤처인증과는 무관하다는 점을 유의해야 한다. 대신 기업에 대한 전체적인 신용도 평가가 비교적 정교하게 도출된다. 필자의 기업은 창립 만 2년 만에 BB-를 받았는데 세부 내역서에 직원 한 명 한 명에 대한 평가까지 있어 적잖이 놀랐던 기억이 있다.

은행은 담보로 대출을 해주거나, 신용이나 기술을 담보로 대출을 해준다. 국가는 신생 기업의 부족한 신용과 기술을 대신 보증해 주는 제도를 운영해 주고 있어서 이를 잘 활용할 필요가 있다. 또한, 이러한 과정 속에서 자신의 기업이 벤처기업으로 평가 받고 인증을 확보할 필요도 있다. 이러한 과정 속에서 기업은 미성년자에서 책임감 있는 성년으로 나아가는 것이기 때문이다.

한번 은행권의 평가를 받게 되면, 기업 운영에 대한 마인드 셋 자체가 달라진다. 유, 무형 자산에 대해서도 이해하게 되고, 매출과 순이익에 대해서도 깊이 이해하게 된다. 특히, 성장성, 즉 방향성과 속도에 대해서도 깨닫게 된다. 속칭, 그래프가 예뻐야 한다. 올해 잘 나간다고 해서 무지막지하게 세금계산서 끊어버리지 않고, 조금 아꼈다가 내년도에 반영하는 운영의 묘미도 살리게 된다. 매출의 성장률과 순이익의 증가율도 고려하게 된다. 최근에는 매출만 높아봤자 아무 소용없다. 순이익이 높은 회사가 투자자의 눈에는 더 가능성 있는 회사로 보이는 것은 세계적 추세다. 기존의 굴뚝산업은 매출이 100억이라도 순이익률이 4%~5%정도 밖에 되지 않는다. 그러나 최근 4차 산업을 외치는 IT 분야 기업들은 순이익률이 20~30%는 기본이다. 필자의 회사도 30% 가량 나온다. 매출이 10억이라도 굴뚝의 100억 매출과 비슷한 수준이다. 당연히, 기업평가도 그들과 비슷한 수준으로 높게 나온다. 여기에 매년 성장률이 전년 대비 200% 즉 2배 성장한다면… 그것도 3년 연속, 4년 연속이란 수식어까지 붙는다면 그 기업은 대박 기업으로 이미 투자나 M&A 전문사의 타겟 1위로 올라 있을 것이다.

다시 돌아와, 대출에서 투자로 넘어가 보자.

투자는 보통 목적을 가지고 펀드가 조성된다. 예컨대, 1000억을 조성한다고 할 때, 정부에서 500억, 펀드회사가 300억, 일반인이 200억 등의 형태로 구성한다. 국민연금 같은 곳은 정부 주도의 펀드에 많이 참여한다. 과학기술정보통신부나 중소벤처기업부 등도 펀드를 운영하는 것으로 안다. 공개적으로 모집하는 펀드 외에 사모펀드(私募~/ Private Equity Fund) 라고 하여 개인투자자들이 모금한 펀드로 고수익 기업에 투자하는 펀드도 있다. 원리는 똑같다.

이들은 기본적으로 모금한 펀드로 특정기업에 투자하여 일정 기간이 경과한 후, 은행이자보다 더 높은 수익을 창출하는 것을 목표로 삼고 있다. 정부 펀드의 경우, 수익률보다 해당 산업분야의 성장에 더 큰 가치를 두고 있기 때문에 수익성은 다소 낮게 예측이 되더라도(망할 것이 뻔해 보여도) 투자를 집행하기도 한다. 그러나 전체적으로는 투자 수익성이 마이너스가 되면 안 된다. 담당자 잘린다. 투자자들은 1000억을 100개 회사에 투자할 경우, 100개사 전부가 모두 수익을 낼 수는 없다손 치더라도 10개~20개 사가 크게 성공해서 나머지 실패한 80~90개 사의 손실을 복구해 주는 형태가 되길 희망하기 때문이다.

역지사지로, 여유자금 1억을 가진 일반인에게 물어보자! 당신이 적금, 장기 예금, 혹은, 증권에 1억을 3년간 예치시켜 놓는다고 할 때, 가장 먼저 고려할 조건은 무엇일지? 단연코 '원금보장'일 것이다! 지독히 당연하지 않은가?

그런데 일반 예금자에서 스타트업 경영주가 되면 입장이 바뀌는 것이다.

"왜 투자자들은 돈(수익률)에 혈안이 된 거야?"

이제 앞, 뒤가 안 맞는 것을 알겠는가?

투자를 받는 것은 좋은 아이디어가 아닐 수 있다. 대출보다 험한 일을 경험하게 될 가능성이 높다. 투자자들은 시중 은행보다 더 혹독한 기업평가를 한다. 심지어 3개월~6개월 줄 듯, 줄 듯 하면서 그 기업을 지켜보는 시간을 가진다. 기업이 거짓말을 하거나, 제출한 경영목표가 제대로 이행되는지를 평가해보는 것이다.

그리고 자신들이 투자를 해도 원금을 떼일 염려가 없으며 수익률도 은행권보다 더 높이 나올 것으로 판단되면, 그제서야 아주 찔끔, 정말 눈물만큼 투자를 해주고 생색을 있는 대로 낸다.

예컨대, 자본금 2억이고 매출이 10억에 순이익이 3억짜리 회사에 지분 10% 취득하는 조건으로 투자금은 5억을 준다. 기업 가치는 50억이고 자본금 대비 25배일 뿐이다. 1년에 6% 성장률을 약속하라고 계약서에 기재되고, 대주주 변동도 2년간 제한된다. 그리고 2차 투자를 받거나 M&A 매각을 할 경우도 반드시 먼저 승낙을 받으라고 한다. 2년 후에 회사가 고속성장을 했다면 보통주로 전환해서 주주가 되고, 회사가 예상 외로 망가졌다면 연간 6%의 이자를 포함한 현찰로 되갚아야 한다는 조건이다(이는 통상적으로 적용되는 상환 전환 우선주 조건의 예다). 대표이사를 보증인으로 세우기도 하고 대주주를 보증인으로 세우기도 한다. 오히려 은행 대출이 더 깔끔하지 않은가?

필자도 그랬다. 사업을 시작하는 창업자들은 너무도 힘들기 때문에 투자를 받겠다고 노래를 부르며 다닌다. 그런데 그게 투자를 받겠다는 것이 옳은 표현이 아니고, 나의 '구주'를 판다고 표현해야 옳은 표현이란 것을 최근에서야 깨달았다. 투자를 받는다는 것은 또 다른 형태의 거대 족쇄를 내 두 발에 차겠다는 의미이다. 족쇄를 차지 않고 내 마음대로 쓸 수 있는 돈을 만들기 위해서는 자신의 '구주'를 파는 것 외에는 방법이 없다. 내 소유의 자동차 팔듯이, 내가 지니던 예물시계 팔듯이 내 회사의 내 소유 지분을 타인에게 적절한 금액을 받고 파는 것이다.

내 회사 주식이 한 주에 500원짜리인데, 그것을 5000원 받고 팔아도 되고 자신 있으면 5만 원 받고 팔아도 된다. 판매자와 인수자 사이에 약속만 된다면 금액은 얼마든지 올려도, 낮춰도 된다. 그게 자본주의다!

다만, 지분 잘못 팔면 경영권이 넘어갈 수도 있고, 짜투리 지분 많이 팔려나간 회사는 투자도 잘 안 들어온다. 사공이 많으면 배가 산으로 간다는 것을 투자자들도 잘 알기 때문에, 주인 많은 회사는 투자자들도 꺼리기 때문이다.

투자를 받을 때 구주 반, 신주 반 섞으면 나이스다. 나도 여윳돈 생기고, 회사에도 사업자금이 신주로 주식 수 자체가 늘어나므로 서로 서로 좋다. 대부분 투자자들은 회사에 돈이 쌓이는 것을 좋아하므로, 신주로만 투자하길 희망한다. 이 부분은 사전에 충분히 조건협의가 가능하다. 족쇄 차주는 대신 나도 좀 꿀을 달라는 것이니 딜이 가능하지 않겠는가?

사기꾼은 수수료를
많이 달라고 한다

사업을 하다 보면 쉬파리가 많이 꼬인다.

말이 거칠어서 참으로 송구하다. 흔히 쓰는 표현이기도 하거니와, 사실, 이 말이 가장 적절하기 때문에 달리 표현하기도 싫다.

더러는 진심으로 나의 사업이 잘 되기를 아무런 조건 없이 응원해 주시는 분들도 계시다. 그러나 대부분은 무언가 떡고물을 위해 내 주변을 인공위성처럼 배회하는 분들이다. 기실, 나도 내가 맛이 있다는 사실을 강조하기 위해 일부러 냄새를 풍기는 측면도 있기는 하다. 돈이 될 것 같으면 중간에 거간들이 많이 붙는다는 이야기다.

사업 초기에 우리는 은행권을 뚫으려 노력했다. 노력 끝에 G은행의 부행장과 만날 수 있었다. 교수 한 분이 소개를 했고, 나는 무려 700만원이나 들여 프레젠테이션을 준비했다. 교수께서 자기 위신도 있으니 제품 소개를 동영상으로 제작해 가라고 해서 떼돈이 들었다.

분위기는 좋았다. 지금까지 없었던 새로운 개념이라며, 마치 당장이라도 G은행에 적용이 될 것처럼 이야기가 술술 잘 넘어 갔다. 미팅을 마친 사람들은 인근 커피숍으로 몰려 가, 다 된 거나 진배 없는 우리 제품의 납품을 미리 축하하고 있었다. 그 미팅을 소개한 A교수가 말했다.

"송 박사, 이거 성사되면 나한테 회사 지분 30% 줘."

당시에는 정말로 드리고 싶었다. 50%라도 달라면 드렸을 것이다.

잿밥에 신경 쓰니 염불이 될 일 없다. 그 G은행과의 거래는 성사되지 못했다. 그러나 만약 그 일이 성사되어 수수료를 고액으로 지불했다면, 나나 그 소개자 교수는 크게 홍역을 치렀을 수 있다. '변호사법 위반', '배임' 등의 단어들이 떠오른다. 아찔하다.

지금은 기업을 한 지, 6년, 햇수로 7년이다. 나도 알 만큼 알게 되었다. 지분 30%면 거의 경영권을 넘기는 수준이다. 삼성전자 이건희 회장도 지분 2%가 안 되는 것은 세상 사람이 다 안다.

이후로도 회사에 특허를 거래 해 주겠다고 하거나, 투자를 중개하겠다고 하신 분들이 여럿 계셨다. 투자를 유치해줄 테니, 투자금 들어 온 것 중에 20%를 달라는 분도 계셨고, 어떤 분은 선불로 2천만 원을 주어야만 진행을 하겠다고 엄포를 놓는 분도 계셨다. 특히 중국의 유력한 기업과 아주 친하다는 분은 ' 시'를 위해서 모든 비행기 값과 체재비, 유흥비는 물론, 그 중국의 어르신(?)을 위해 값 비싼 선물도 사서 선물해야 한다고 했다. 남도 아닌 우리 회사 주주 중에 한 분마저도 매 사업 미팅 때마다 술값으로 수백만 원씩을 청구하여 나를 난처하게 만들기도 했다.

수십 명의 중개자, 혹은, 社를 만난 후, 나는 어느 정도 옥석을 가릴 줄 아는 안목이 생겼다. 주로 실력 없는 사람들이 수수료를 높이 부른다. 그들에게 이러한 종류의 중개는 가능성이 거의 없는, 이른 바 '복권'과도 같아서 한탕은 필수이기 때문이다.

최근에 나와 논의를 진행하고 있는 투자 관련 기업들은 모두 대한민국 정상급들이고 그들은 기본적으로 투자유치 성사 시, 성사 금액의 3%를 요구하고 있다. 투자 금액이 높아질수록 중개 수수료율은 오히려 점점 낮아진다. 수수되는 총액은 올라가기 때문이다. 합리적이다.

잘 알아야 하는 부분은 앞 장에서도 설명한 것처럼 모든 대표이사는 배임의 위험에 항상 노출되어 있음을 반드시 기억해야 한다. 투자금은 회사로 들어오는 돈이다. 사업자금이다. 개인 돈이 아니란 말이다. 비록 대표이사라 할지라도 투자 유치 성사에 대한 중개 수수료를 상 관례에 상회하는 고율을 책정해서는 안 된다. 배임혐의로 입건될 수 있다. 이는 주는 사람이나 받는 사람이나 공통이다. 때문에 계약 체결 전에 전문 회계사나 변호사와 반드시 상의해야 한다.

제휴와 협력이
미래를 이끈다.

앞에서 대출 이야기, 투자 이야기를 했다.

듣고 보니, 흥미가 뚝~ 떨어진다. 기업하면 돈 벌 줄 알았더니 별로다. 대출이나 투자는 기업이 정상화되기 위해 필요한 돈이다. 기업이 초기에 설비나 재료, 인력 확보가 안 되어 불안정할 때 이를 해결해 주는 역할을 하고, 기업이 성장하여 전국 혹은 글로벌 확장이 필요한데 자금 적으로 일시 불안정할 때, 이를 안정적인 상태로 올려주는 것이 돈이다. 자(資)!

다시 말해, 대출이나 투자는 일시적인 용도의 돈이란 것이다. 안정적이고 일상적인 돈은 매출로 인해 벌어들인 순이익 외에는 없다는 점, 강조하고 싶다. 일해서 번 돈이어야만 내꺼란 의미다!

대출이 많으면 기업 가치가 떨어진다. 부채율 때문이다. 특히 그 돈이 모두 소진된 상태라면 더더욱 그렇다. 투자금은 대부분 꼬리표가 붙어 있다. 회사가 수익을 많이 창출하여 기업 가치를 지속 상승시키고 있지 못하다면 투자자들은 돈을 회수하려 할 것이고 이는 또 다른 부채로 경영주를 압박하게 될 것이다. 구주를 팔았거나, 보통주(신주)로 널널한 투자를 받은 경우는 부담이 제로인데, 그런 투자는 엔젤투자의 경우조차도 흔치 않다.

'잘 한 제휴 하나, 열 투자 안 부럽다'라고 말하고 싶다. 제휴는 거래가 있을 수도 있으나 당장은 거래가 없을 수도 있다. 흔히들 말하는 MOU라는 것인데, '협약' 혹은 '양해각서'라고 풀어쓰기도 한다.

'묻지 마 투자'가 한창이던 2000년대 초반에는 대기업 협약서 하나만 있으면 20~30억 펀딩은 어렵지 않았다. 협약이 머지않아 계약으로 이어질 것이라는 기대감 때문이었다. 요즘은 협약서가 그 정도의 위력을 발휘하지는 않는다. 그러나 여전히도 대기업이나 주요 정부 부처와의 협력 약속은 의미 있는 기업 활동으로 인정받는다. 주변에 좋은 친구가 많으면 성공은 보장되는 것과 같은 이치다.

사업이란 것이 첫 술에 배부를 수 없는 것이 현실이다. 방귀가 잦으면 똥이 나온다는 말이 있듯, 여기저기 자꾸 쑤시고 다녀야 뭐가 되던 된다. 기업의 영업활동이란 것이 씨를 뿌리는 농사일과 같아서 꾸준히 뿌리고 다니다보면 여기저기서 소문이 나게 되고 나를 찾는 사람이 늘어나게 되는 것이다.

다만, 협약이라고 해서 중구난방 격으로... 혹은 다다익선 격으로 해서는 곤란하다. 영업활동이란 것이 시간과 돈과 노력이 드는 것이기 때문에 모든 자원이 풍족치 못한 스타트업 입장에서는 출혈로 직결될 수 있다.

전략을 세워서 협약을 해야 할 범위를 정하고, 단계 별로 목표로 하는 타겟과 순위를 살피고, 그것이 가까운 미래에 매출과 순익으로 귀결될 수 있도록 정밀 공략을 해야 하는 것이다.

그리고 '파도타기'란 것을 잘 활용할 필요도 있다. 대부분의 기업인들은 나름의 자기 영역과 그에 따른 인맥이 형성되어 있다. 반드시 그 기업에서 기대하는 제휴나 계약을 이끌어 내지 못하였다고 하여 실망할 필요가 없다. 소개해 달라고 하면 된다. 자신의 사업과 현재의 처지를 설명하고 적극적으로 도움을 요청하면 대부분은 그러한 요청을 외면하지 않는다. 그리고 심리학적으로 도움을 베푼 사람은 자기가 도움을 준 사람에게 친근감을 갖는 경우가 많다. 묘한 심리인데, 이는 아마도 부채감과 연관이 있는 것 같다. 더 친해지게 될 수 있다.

다만, 주의할 점이 있다. 절대 잘난 척하거나 필요 이상으로 과장하여 꾸밀 필요도 없지만, 그렇다고 지나치게 자신을 폄하하거나 구걸에 가까운 요청을 해서는 안 된다. 상대방 입장에서는 언제 망할지 모르는 불안정한 기업으로 인식될 수 있고, 괜히 소개해 주었다가 자기 얼굴만 깎아먹을 것

같다는 판단을 하게 될 테니 말이다. 뭐든 과하지도 부족하지도 않게. 균형

이 어렵다.

IR도
커뮤니케이션이다

    IR(Investor Relations)은 투자를 위한 커뮤니케이션이다. PR(Public Relation)이 대중을 위한 홍보를 말하듯, IR은 자본과의 소통을 말한다. 자본과의 소통에서 가장 중요한 것은 무엇일까? 숫자다!

    '얼마를 투자하여 어느 기간이 도래하면 어느 정도의 수익이 되돌아오겠는가?'에 대한 숫자, 그것도 원금을 까먹지 않고 은행 이자보다 높은 고수익으로 빠른 시간 내에 현실화 된다면 기대하는 바다.

    IR 자료를 구성하기 전, 아래 사항을 반드시 체크해 보자.

시장성	1. 목표로 삼는 시장의 규모가 어느 정도인가?
	2. 해외시장 진출이 가능한가?
	3. 진입장벽이 존재하는가?
경쟁력	1. 파괴적, 혁신적 기술인가?
	2. 경쟁상황 및 경쟁자(해외포함)의 움직임이 어떠한가?
	3. 성공 시 진입장벽을 구축할 수 있는 아이템인가?
	4. 로드맵(진척 수준)은 어떠한가?
자산	1. 창업자 및 주요 인력의 학력, 경력, 업무 집중도는 어떠한가?
	2. 주요 기술, 특허, 제품의 소유권은 정확히 확보 되어 있는가?
	3. 부동산, 설비, 자동차, 영업권(제휴 등) 등은 잘 관리되고 있는가?
수익성	1. 매출은 어느 정도이며 성장률은 어떠한가?
	2. 비용을 차감한 순이익률은 어느 정도이며 성장 추이는 어떠한가?
	3. 불필요한 고정비용이나 악성 채권은 없는가?
EXIT	1. 투자 후 어느 시점에 EXIT가 가능한가?
	2. EXIT 할 수 있는 방안은 어떠한 것들인가?
기타	1. 현재의 마일스톤을 달성하기 위해 필요한 자금이 얼마인가?
	2. 복수의 투자자를 유치할 것인가? 또는 1개 기관에 집중할 것인가?
	3. 재무제표 상 회계적인 이슈는 없는가?

　

IR을 받아 보는 투자자나 그 심사자들은 대부분 해당 자료가 과장되거나 일부 허위가 있을 수 있다는 것을 전제로 한다. 때문에 자료를 작성하고 발표할 때 신뢰도를 갉아 먹는 표현이나 행동이 나타나지 않도록 극도로

주의해야 한다.

모두가 수긍하는 객관적 사실과 명백히 증명 가능한 데이터를 기반으로만 설득해야 한다는 점 잊지 말자!

둘째, IR은 철저히 투자자 중심으로 구성되고 발표되어야 한다. 창업자의 아이템 자체의 위대함 보다는 그것을 통해 벌어들이게 될 수익에 투자자는 더 관심이 있는 것이다. 제품이나 사업이 잘 난 것은 그것이 돈을 만들어 내기 때문이란 점 유념해야 한다. 돈 얘기는 온 데 간 데 없고, 제품이나 기술의 위대함만을 뽐내다가는 투자자들은 집에 간 다음이다.

모든 투자자들은 귀가 얇고 궁금한 것이 많다. 첫 대화에서 투자자 질문의 방향성을 보면 답이 그려진다. 이미 부정적인 정보가 유입되었거나 본인이 '이해 불능', 혹은 '오해' 상태일 수 있다. 성실히 답변하여 그들의 편향된 지식과 경험을 변화시켜야 하지만, 대부분은 자기가 아는 만큼만 이해하고 수용하기 때문에 IR을 하는 입장에서는 가능성 없는 투자자를 끈질기게 설득하기보다는 자신의 사업과 아이템에 대한 이해도가 있는 투자자를 빨리 다시 소개 받아 만나는 것이 시간 낭비 않는 지름길일 수 있다.

다행히도 투자가 사업에 대해 긍정적 상태가 되어, 투자가 거의 '성사 무드'로 간다면, 배수와 액수가 중요 결정사항으로 남는다. 사업 시작 초기부터 큰 금액으로 투자 받는 것은 일반적으로 추천하지 않는다. 기껏 사업 키워 놓고 난 후, 경영권이 남의 손에 넘어 갈 확률이 커지기 때문이다. 그리고 좋은 곳에서 초기 투자가 들어오게 되면 두 번째 투자는 좀 더 수월하게 더 높은 배수로 들어온다. 지분을 조금 떼어 주고도 전보다 더 큰 금액을 투자 받을 수 있는데 처음부터 왕창 떼어 줄 이유가 없다.

초기 기업은 통상 기업 가치를 약 80~100억 정도로 산정하여 지분 10%에 약 10억 정도 투자 받으면 '평타'쳤다고 하겠다.

보통은 배수를 산정할 때, 초기 기업들(이른바 시리즈 A라고 칭한다)은 20배~50배가 일반적이라고 한다. 기업 가치를 100억 정도로 인정받기 위해서는 자본금이 2억~5억 정도는 되어야 한다. 물론, 배수를 더 인정해 줄 수도 있으나, 초기 투자자 입장에서는 EXIT를 하고 나가야 하는데 초기 배수가 너무 높으면 2차 후속 투자자를 찾기 어렵게 되고, 이른 바, 돈이 물리는 상황이 되기 때문에 투자자나 경영주 모두가 욕심 내지 말고 사전에 지혜롭게 협의해야 한다.

스타트업은 보통 3~5차례 투자를 거쳐 IPO(주식 상장)나 M&A(인수 합병)로 EXIT 한다. 경영주는 각 투자 시 마다 지분을 약 5~10% 정도 내어 주는 것이 바람직하다고 한다. 다만 우호지분은 무조건 51% 이상이 되어야만 경영권을 지켜 낼 수 있다는 점 반드시 기억하자!

경영권을 이양하는 상황의 거래에는 경영권 프리미엄이 추가로 붙기도 한다. 경영권은 그 만큼 중요한 것이다.

기하급수로
성장하라

전에 미국의 컴퓨터 대기업의 한국지사 임원을 지낸 분이 이런 말씀을
하셨다.

"기업은 기하급수적으로 성장하고, 사람은 산술급수적으로 성장한다."

그 분은 또,

"기업은 기하급수적으로 성장하고 있지 않다면 그것은 이미 성장의 모
멘텀을 잃은 것이다. 기업은 구조상 산술급수적으로 성장하여서는 안 된

다. 합병을 하던 새로운 성장 동력을 찾던 공룡처럼 커 나아가야 한다."

그리고 이런 말도 하셨다.

"이에 반해, 사람은 그것도 매우 우수한 인재일 때에 한해, 산술급수적으로 성장한다. 기하급수적으로 성장하는 기업의 속도를 쫓아가지 못한다. 때문에 창업 공신들은 자신이 떠나야 할 시기를 알아야 하고, 회사를 위해 새로운 피(인재)의 수혈을 감내하여야 한다. 매출 10억 때의 인재와 매출 100억 때의 인재는 결코 같을 수가 없다. 매출 100억을 관리할 인재는 그런 회사에서 현재 재직 중인 자를 영입해 오는 길 밖에 없다!"

참으로 위험하고 독한 이야기다. 그런데 일부 수긍이 되기도 한다. 물론 전체를 수긍하기는 쉽지 않지만…

내가 직장들을 경험해보니, 재벌기업이라고 최고, 최상은 아니었다. 130년 된 통신 대기업이라고 해서 인생 말년이 보장되지는 않더란 거다. 돈 잘 버는 회사, 성장속도가 가파른 회사는 대우도 좋고 직원들의 자신감도 하늘을 찌를 듯한데 반해, 성장 속도가 둔화된 회사는 서로 눈치 보기 바쁘고, 비용절감에 이 핑계 저 핑계 내부 카니발에 목숨 걸기 바쁘다.

자본이란 것은 그 생리 상, 승자 독식에 눈덩이처럼 불어나는 본성을 가지고 있는 것은 부정할 수 없는 사실이다. 이기면 패자의 몫을 모두 싹쓸 이하게 되고, 그것은 다시 나의 몸집을 불리고, 그렇게 커져버린 몸뚱이는 다시 블랙홀처럼 주변의 모든 재화를 진공청소기처럼 빨아들이는 이치다. 내가 진공청소기가 되거나 진공청소기 옆 먼지가 되거나 둘 중 하나다. 다 빨아 먹거나, 다 빨아 먹히거나… 중간이나 타협은 없다는 슬프고 절박한 현실이다.

필자 역시 말만 하면 모든 것이 현실이 되던 호황기를 겪어 본 입장에서 이를 부정할 명분을 찾기는 어렵다. 매출이 3억, 7억, 12억을 찍을 때의 기세는 정말로 S그룹 회장이 안 부러운 지경이었으니 말이다. 기세에 눌려 주변 협력사도, 하청사도, 그리고 당연 내부 직원들도 우리의 성공가도에 비토를 놓을 용기를 감히 가질 수 없었다.

그러나 조금 흥분을 가라앉히고 찬찬히 요즘의 세태를 분석해 보면 차분해질 수 밖에 없다. 누구인들 기하급수로 성장하고 싶지 않겠는가?

요즘은 저성장 시대라고 한다. 인류 역사에서 고성장 시대는 산업혁명 즈음 외에는 없었다고 경제학자들은 이야기 한다. 증기기관, 방직기계 등 인간의 노동력 외에 생산성을 향상시키는 '동력'의 발명으로 하루 1개 생산하던 것을 하루 100개 생산하게 되었다. 자동차가 생겨나면서 도로가 생겨났고, 도로 옆으로 주유소와 식당, 호텔이 생겨났다. 자동차에 라디오가 꽂히면서 음악과 방송 사업이 덩달아 호황을 누렸다. 누이 좋고 매부 좋은 시절이 된 거다.

요즘은 IT(Information Technology) 시대라고 한다. 인터넷으로 모든 것이 해결되는 세상이고, 더 나아가, 스마트폰(나는 왜 이걸 '스마트' 폰이라고 하는지 도데체가 이해가 안 되지만… '인터넷 폰', 혹은 'PC 폰'이 더 맞지 않나? 기계 자체는 스마트하지 않던데 말이다)만 있으면 언제 어디서나 웬만한 것은 30초 이내에 해결된다.

그러다보니 세상천지 돌아가는 상황이 유리알처럼 다 드러나고 하루도 안 돼서 지구촌 사람이 그 사실을 다 알아버리는 세상이 됐다. 실시간 공유라고 한다. 이게 좋고 편리할 줄 알았는데 꼭 좋은 것만은 아니더라는 거다. 스마트폰으로 인터넷이 들어오면서 이른 바, 'Winner takes it all'의 공식이 성립해버린 것이다. 1등만 살아남고 2등 이후로는 집에 가야 한다. 바쁜 세상이다 보니 소비자는 제일 좋은 거 하나만 선택하고 나머지는 관심이 없다.

경제학적으로 보면, 효율은 최적화되는 것이 사실이다. 그런데 이 효율이란 것이 좋아진다는 것이 결국은 '수요=공급' 같아진다는 이야기인데, 그러면 결국 '플러스=마이너스' 같다는 이야기이고, '어제=오늘'이란 이야기다. 성장률 제로인 것이다.

앞서 기하급수를 주창한 선배의 이야기는 호시절에 한국에 컴퓨터를 펑펑 팔아 젖히던 글로벌 1등 기업의 호기 당당한 모습일 지도 모른다. 어쩌면 이제 막 창업해서 스타트 라인에 서 있는 창업자에게 열심히 매출 일으

커서 회사를 고속성장시키라는 덕담의 또 다른 표현일지 모른다.

그러나 분명 시사점은 두 가지로 분리되어 다가온다.

첫째, 기업은 고속 성장을 통해 세를 보여주어야 하며, 그 세를 통해 성장은 더욱 더 가속화 된다는 점! 기세 싸움에서 밀리면 안 된다!!

둘째, 실제 현실에서는 정보의 대중화로 인한 저성장의 늪은 이미 시작되었다는 것이다. 효율성의 그늘 아래 다양성은 자멸의 길로 접어들었다는 것이다.

어려운 시대다! 사회는 이미 많이 셋업이 되어버렸고, 바늘 하나 들어 갈 공간이 없는데, 이제 하나 팔면 하나 남던 시대에서 하나 팔면 전혀 안 남더라도 밑지지 않은 것을 다행으로 여겨야 하는 시대로 접어들고 있으니 말이다.

연간 주요 정부과제 리스트

〈 2018년 창업지원 사업 현황 〉

사업명	모집구분		예산 (억원)	소관 부처
	지원대상	주관(수행)기관		
사업화				
창업사업화지원				
창업도약패키지	3년 이상 7년 미만 창업기업	창업진흥원	500	중기부
선도벤처연계 기술창업	2인 이상의 (예비)창업팀 또는 창업 후 3년 이내 기업	창업진흥원 등	76	중기부
민관공동 창업자 발굴 육성(TIPS)	TIPS 창업팀 중 창업 후 7년 이내 기업	창업진흥원	284	중기부
상생서포터즈 청년창업 프로그램	사내벤처팀	대중소기업협력재단 등	100	중기부
스마트벤처캠퍼스	만 39세 이하 창업 후 3년 이내 기업	대학 등 전문기관	124	중기부
세대융합 창업캠퍼스	청년(39세 이하)과 중·장년 (40세 이상)간 팀을 구성한 창업 후 3년 이내 기업	대학 등 전문기관	127.8	중기부
창업선도대학 육성	창업 후 3년 이내 기업	창업선도대학	895	중기부
창업성공패키지 (청년창업사관학교)	만 39세 이하 창업 후 3년 이내 기업	중소기업진흥공단	540	중기부
여성벤처창업 케어 프로그램	창업 후 7년 이내 여성벤처기업	(사)한국여성벤처 협회	6	중기부
장애인기업 시제품 제작지원	장애인 예비창업자 및 창업 7년 미만의 장애인기업	(재)장애인기업종 합지원센터	5.6	중기부
장애인 창업 사업화 지원(신규)	장애인 예비창업자 및 업종전환 희망자	(재)장애인기업종 합지원센터	12	중기부
재도전 성공패키지	예비재창업자 및 재창업 후3년 이내 기업	창업진흥원	150	중기부
글로벌엑셀러레이팅 활성화	(글로벌진출지원) 창업 후 5년 이내 기업	창업진흥원	39	중기부
	(외국인창업) 학사학위 이상 취득 한 ①외국인, ②재외동포, ③귀환 유학생 중 창업 후 3년 이내 기업	정보통신산업진흥원	33	중기부
대학원특화형 창업 선도대학 육성	대학(원)생 및 교원	한국연구재단	8	교육부
과기형 창업선도대학 육성	대학(원)생 및 교원	한국연구재단	16	과기부
K-Global ICT 재도 전 패키지 지원	재창업 후 7년 이내 기업	정보통신산업진흥원	32	과기부
K-Global Startup 공모전	ICT분야 창업기업	정보통신산업진흥원	10	과기부
K-Global 액셀러레이터 육성	엑셀러레이팅 프로그램을 지원하는 국내법인 및 ICT유망 창업기업	정보통신산업진흥원	18	과기부
K-Global 클라우드기반 SW개발환경지원	창업 후 3년 이내 기업	정보통신산업진흥원	10.9	과기부
사회적기업가 육성사업	창업 후 1년 이내 기업	한국사회적기업 진흥원	182	고용부

사업명	모집구분		예산 (억원)	소관 부처
	지원대상	주관(수행)기관		
창업벤처스 콘텐츠 스타트업리그공모사업화	창업 후 1년 이내 기업	한국콘텐츠진흥원	14	문체부
관광벤처사업 발굴 및 지원	예비창업자 및 창업 3년 이내 기 업, 창업 3년 이상 중소기업	한국관광공사	21	문체부
농산업체 판로지원	농식품 분야 창업 후 7년 이내 기업	농업기술실용화재단	9.	농식품부
R&D				
창업성장기술개발	창업 후 7년 이내 기업	중소기업	2,72	중기부
재도전 기술개발	재창업 후 7년 이내 기업	중소기업기술정보 진흥원	3	중기부
농식품 벤처창업 바우처 사업(R&D)	창업 및 벤처 최초 인증 5년 이내 중소기업	농림식품기술기획 평가원	1	농식품부
창업교육				
청소년 비즈쿨	초·중·고등학생 등 청소년	초 중 고교 등 학교밖 청소년지원센터	76.	중기부
대학기업가센터	대학생, 교수 등	대학	19	중기부
창업대학원	창업학 석사과정 희망자	창업대학원	7	중기부
메이커 문화 확산	확산 모든 국민	한국과학창의재단	87,2	중기부
장애인 맞춤형 창업 교육	장애인 예비창업자 및 전업희망자	종합지원센터	9,7	중기부
스마트창작터	창업 후 3년 이내 기업	대학 등 전문기관	90	중기부
청년혁신가 인큐베이팅(교육)	산업사회가 직면한 문제를 해결할 의지가 있는 청년	한국과학창의재단	18	중기부
희망사다리 장학금 (창업유형)	대학생	한국장학재단	286	교육부
지식재산기반 차세대 영재기업인 육성	중학생(또는 13~16세)	한국발명진흥회	9	특허청
시설공간보육				
메이커스페이스구축	공공민간기관 및 단체	한국과학창의재단	235	중기부
창업보육센터	창업 후 3년 이내 기업	창업보육센터	155	중기부
창업보육센터 지원 (건립지원사업)	창업보육센터	지방중소기업청, 한국창업보육협회	51	중기부
시제품 제작터 운영	창업 후 7년 이내 기업	지방중소기업청 (경기, 대구, 광주, 부산, 전북)	27	중기부
시니어기술창업센터	만 40세 이상 창업 후 3년 이내 기업	지자체 및 대	47,4	중기부
장애인 창업보육실 운영	예비창업자 또는 창업 후 3년 미만 장애인기업	(재)장애인기업 종합지원센터	6,5	중기부
지역혁신생태계구축지원 (창조경제혁신센터)	예비창업자, 창업 후 3년 미만 기 업	17개 창조경제혁신센터	376.	중기부
판교밸리 창업존 운영	창업 7년 미만 기업	창업진흥원	61	중기부
K-Global 빅데이터 스타트업 기술지원	대학생, 창업자 등	한국정보화진흥원	8,6	과기부

사업명	모집구분		예산 (억원)	소관 부처
	지원대상	주관(수행)기관		
출판지식 창업보육 센터운영	출판 분야 창업 후 3년 이내 기업	한국출판문화산업 진흥원	2	문체부
농촌현장 창업보육	창업 후 5년 이내 농식품 기업	농업기술실용화재단	7	농식품부
멘토링컨설팅				
아이디어 사업화 온라인 플랫폼 운영	모든 국민	한국과학기술정보 연구원	39.8	중기부
멘토역량강화 지원	창업멘토	한국과학기술정보 연구원	9.4	중기부
K-Global 기업가정신 프로그램	ICT 유망 중소·벤처 기업가 등	중소·벤처 기업가 등 정보통신산업진흥원	5	과기부
K-Global 창업멘토링	ICT기반 창업초기 재도전기업, 대학창업동아리	(재)한국청년기업가정 신재단	29.9	과기부
농식품 크라우드펀딩 컨설팅 비용지원	창업 후 7년 이내 농식품 기업	농업정책보험금융원	0.8	농식품부
농식품벤처창업 인턴제	농식품벤처창업이가능 한아이템과 의지를지닌만 39세이하예비창업자	벤처기업협회	3.1	농식품부
IP 디딤돌 프로그램	예비창업자 및 개인	지역지식재산센터	36.4	특허청
IP 나래 프로그램	기술기반 창업기업	지역지식재산센터	55.8	특허청
행사네트워크				
벤처창업페스티벌	벤처 창업기업, 청년기업 등	창업진흥원	4	중기부
대한민국 창업리그	예비창업자 및 창업 후 3년 이내 기업	창업진흥원	14	중기부
장애인 창업아이템 경진대회	예비창업자 및 창업 후 3년 미만 장애인기업	(재)장애인기업 종합지원센터	0.5	중기부
여성창업경진대회	창업 후 2년 이내 여성기업	(재)여성기업종합 지원센터	0.9	중기부
2018 농식품 창업 콘테스트	농식품 분야 창업 5년 이내 (예비)창업자	농업기술실용화재단	12	농식품부
대한민국 지식재산 대전	전 국민	-	11.1	특허청
			7,796.3	

* **창업기업에 대한 융자, 보증, 투자는 별도 공고**
* **참고 사이트 K-스타트업**
 (www.k-startup.go.kr)
 기업마당 (www.bizinfo.go.kr)
 창업진흥원 (www.kised.or.kr)

주요 투자처 리스트

크라우드펀딩, 엔젤투자, 벤처캐피탈(VC)투자
스타트업 투자는 투자유형에 따라 크라우드펀딩, 엔젤투자, 벤처캐피탈 (VC)투자로 구분할 수 있다.

- #### 크라우드펀딩
  국내 플랫폼사들이 모여 한국크라우드펀딩기업 협의회(KCFPS)를 설립하여 크라우드펀딩 소개 및 펀딩 유형별 플랫폼사를 안내해주고 있다.

  ① 지분형, 후원형
  - 오픈트레이드(https://otrade.co)
  - 와디즈(https://www.wadiz.kr)
  - 인크(https://yinc.kr)
  - 오마이컴퍼니(https://www.ohmycompany.com)
  - 아이디어오디션(http://www.ideaaudition.com)

  ② 대출형
  - 머니옥션(http://www.moneyauction.co.kr/)
  - 키펀딩(http://keefun.kr)
  - 팝펀딩(https://www.popfunding.com)
  - 펀딩트리(http://fundingtree.co.kr)
  - 8퍼센트(https://www.8percent.kr/)

· 엔젤투자

엔젤클럽은 엔젤투자자들간의 정보공유 및 기업 IR 등 투자활동
이 이루어지는 모임을 말하며 엔젤투자지원센터에 등록된 클럽
이 전국적으로 2018년 7월기준 205개 등록되어 있으며 100명 이
상의 회원수를 가지고 있는 엔젤클럽은 다음과 같다.

- 해드엔젤클럽   - KOM엔젤투자클럽,   - 굿모닝엔젤클럽,
- 벤처엔젤클럽,   - 타이거엔젤클럽,   - AVA엔젤클럽,
- 오퍼튠엔젤클럽,   - 고벤처 엔젤클럽

더 많은 정보는 한국벤처투자(주) (https://www.k-vic.co.kr)

· 벤처케피탈(VC)투자

중소기업창업투자회사전자공시(DIVA)에 공시되어 있는 벤처케
피탈(VC)는 전국적으로 154개사가 있으며 대표적으로 투자실적
은 다음과 같다.

- 소프트뱅크벤처스(http://www.softbank.co.kr)
- 에이티넘인베스트먼트(http://www.atinuminvest.co.kr)
- 에스비아이인베스트먼트(http://www.sbik.co.kr)
- 한국투자파트너스(http://kipvc.co.kr)
- 케이비인베스트먼트(http://www.kbic.co.kr)

기타 중소기업과 소상공인 관련 지원정책은
기업마당(https://www.bizinfo.go.kr)확인하면 된다.

1. 기술보증

기술보증은 담보능력이 미약한 기업이 보유하고 있는 무형의 기술
을 심사하여 우리 기금이 기술보증서를 발급하여 드림으로써 금융
기관 등으로부터 자금을 지원받을 수 있는 제도다.

-이용절차-

단계별	취급자	주요내용
STEP.01 보증신청	신청기업	**인터넷 (홈페이지내 사이버영업점)에서 신청** 기보 영업점을 통해서도 신청가능
STEP.02 상담	영업점 평가담당자	**고객과의 상담을 통하여 기술사업내용, 보증금지 · 제 한 해당여부 등을 검토하여 계속진행 여부 결정 및 서 류준비 안내** '기술력 사전점검 체크리스트'를 통하여 기술사업의 주 요내용 파악
STEP.03 접수/ 조사자료 수집	영업점 평가담당자	**기술사업계획서 등 제출** 여타 필요서류는 고객의 협조를 받아 기금직원이 직접 수집 신속한 보증처리를 위하여 상담일로부터 보증처리과정 모니터링 실시
STEP.04 기술평가/조사	영업점 평가담당자	**신청기업으로부터 수집한 자료 등을 예비검토 후 현장평가를 실시** 기술개발 능력, 제품화 능력, 생산 능력 및 경영상태, 자금상태 등을 확인
STEP.05 심사 · 승인	영업점 심사 및 평가담당자	**기업의 기술력, 사업전망, 경영능력, 신용상태 등을 통합적으로 검토 후 승인**
STEP.06 보증서 발급	영업점 평가담당자	**보증약정후 전자보증서를 채권기관에 전자발송**

2. 신용보증

신용보증은 담보 능력이 부족한 기업에 대하여 신용보증기금이 기업의 신용도를 심사하여 신용보증서를 제공함으로써 금융회사로부터 대출을 받을 수 있도록 하는 제도다.

-이용절차-

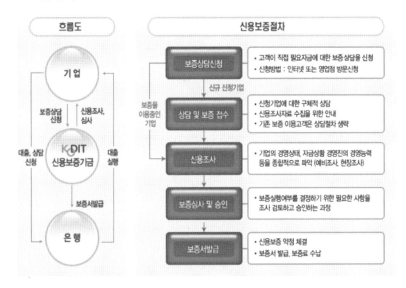

5장

사업 성공? VS
사업 실패?

창업자 똥은
개도 안 먹는다

25년 직장 생활을 청산하고 별 커다란 두려움 없이 뛰어든 창업의 세계였다. 초기 3년 동안은 별로 어려움도 없었다. 사실 매출이 미미하다보니 문제 생길 일도 없었고, 그저 여기저기 인사 다니고 덕담 듣기 바빴다. 시대를 잘 타고 난 덕이었으며, 주변의 도움이 매우 컸다. 말만 해도 이루어지는 참으로 복 받은 창업자였다.

그러나 기업의 경영이란 그리 호락호락하지 않았다. 4년째로 접어들면서 매출이 커졌고, 거래하는 회사들과 기관의 수준도 높아졌다. 전문 경영인으로 들인 대표이사는 연일 사고를 치고 돌아 다녔고, 그 사고의 규모도 예전의 단위가 아니었다. 전보다 0이 하나, 아니, 두 개가 더 붙었다. 컴퓨터 대기업 임원을 했던 선배의 조언이 절실하게 다가오는 대목이었다. '사람은 산술급수적으로 성장한다. 그것도 훌륭한 사람일 경우에…' 이미 팔려 나간 제품에 대한 서비스도 보통 부담스런 문제가 아니었다. 유지보수를 하느라 강원도 산골까지 연일 사방을 누비고 다녔다.

새롭게 도전하는 후발 주자들을 방어하는 일도 여의치 않았다. 우리가 짝퉁으로 오해 받을 때면 당장이라도 소송을 해서 꺾어버리고 싶은 마음 간절했지만, 배보다 배꼽인 상황이 뻔히 예상되었다.

직원들은 들락날락이 일쑤였다. 수준을 따질 겨를도 없었다. 고양이 발이라도 빌려야 하는 상황에 학벌이니 경력이니 면밀히 따지는 것은 상상조차 할 수 없었다. 한 달 일하고 그만 두면, 회사 입장에서는 한 달 치 월급 버리는 셈이었다. 두 달 일하고 그만 두는 사람은 최악이었다. 눈앞에서 500만 원 1000만 원이 금방 날아갔다.

그들이 받는 월급은 200~300이었을지 모르나 내가 지출해야 하는 돈은 4대 보험과 경영 관리비를 포함, 급여의 거의 2배였다. 양복도 사주고, 야근 택시비에 선물까지 주어 보았지만, 떠나는 이는 야멸찼다. 청년 실업? 일자리가 없다는 세간의 이야기가 맞는 말인지 의아했다.

창업자의 길로 접어들면서는 밥도 마음대로 먹을 수 없었다. B2C 개인으로는 짜장면 한 그릇으로 점심 때우고 싶다. 그러나 B2B 사업으로는 거래처에 식사 잘 대접하고 계약 따오고 싶은 마음 간절하다. 고객이 한정식 집 가자고 하면 가야 한다.

밖에서 보면,

"저 놈은 사업 차리더니 항상 비싼 것만 먹어~"

하겠지만, 속으론 영수증 보며 울 때가 많다.

건강은 하루하루 나빠졌다. 집에 들어가면 '가로 본능'이다. 돌아 눕는 것조차 힘들다. 어쩔 때는 소변보러 가는 것조차 귀찮을 때가 있다.

얼마 전 건강 검진을 했더니 TPA(tissue polypeptide antigen)라는 지수가 높이 나왔다고 의사가 걱정을 했다. 암 지표란다. 다행히 암은 아니라고 판명되었지만 몸 상태는 이미 암 환자와 진배 없었다.

《부자 아빠 가난한 아빠》의 '가난한 아빠' 케이스가 바로 나였다.

나의 한계를 알아야
출구전략이 나온다

문제는 나에게 있었다. 빚을 지지 않으려는 결벽증(이는 부친의 사업실패에 기인한다), 급격한 매출 증가에 대한 막연한 불안감(5년간 매년 2배씩 성장해왔고, 순이익률도 약30%를 유지해왔다)…

아직 안정화 단계에 들어서지 않았다고 생각하는 이 시기에 사업 확장의 점프-업을 결정해야 한다. 새 자금과 새 인력과 새 아이템을 배팅해야 하는데, 배포가 따르지 않는 것이었다.

나는 사업을 도박으로 하고 싶지는 않다. 사실 배팅이란 단어도 맞지 않다. 사업적 결단이란 정교하고 치밀한 계산과 예측에 의해 내려져야 하며, 그것이 오차가 발생하였을 때 그것을 복구할 수 있는 대안이 있어야만 한다. 7살 미취학 아들과 4살 유치원생 딸이 제일 먼저 눈에 밟혔다. '머리에 떡 시루를 이고서 굶어 죽는 형국'이 바로 나일 수 있겠다는 생각이 들었다.

어디서 주워들은 정보로 구매한 주식이 2배나 올랐다고 자랑하는 후배를 본 적이 있다. 아주 신이 나서 양주를 거하게 사길래 얻어먹었다. 다음날 주가는 폭락했다. 원금도 못 건지고 손 절매 하고 겨우 빠져 나왔다고 탄식한다. 주식은 올랐다고 좋아할 일이 아니라, 그걸 올랐을 때 팔아야 돈이다. 사업도 그렇다. 팔아야 돈이다.

경영주는 항상 가난하다. 항상 쪼들리고 힘들다. 사람들은 잘 모른다. 경영주가 돈 가져 갈 수 있는 방법은 배당 아니면 급여뿐이란 것을… 그것도 세금을 적잖이 낸 후에 말이다.

작년에 번 돈 모두 증자에 투입했다. 회사에서 급여로 7천만 원을 벌었다. 세금으로 3천만 원 정도가 빠져 나가고, 4천 남은 걸로 집에 생활비 2천만 원을 주고 2천만 원은 남겼다. 증자는 1억했다. 통신대기업 퇴사한 퇴직금 모두 박았고, 부족분은 마이너스 통장에서 끌어당겼다.

사람들은 잘 모른다. 1억 증자 하려면 세후 금액으로 1억 필요하다. 직장인이 현찰 1억 만들려면 실제로는 거의 1억 5천에서 체감으로는 2억까지 필요하다. 소득세가 만만치 않기 때문이다. 소득 구간에 따라 다르지만, 전체 소득의 약 30~40%는 세금으로 각오해야 한다.

은행에서 대출을 받는다고 해결되는 것은 아니다. 이자 최소 연 3~7%

는 생각해야 하고, 담보가 없는 신용대출이라면 12% 이상을 지출해야 할 수도 있다. 1억을 벌어서 메꿀 때까지 2년이 걸릴지, 5년이 걸릴지 모르나, 막대한 소득세와 이자가 함께 따라 붙는다.

증자한 돈은 직원들 급여를 주는 데 들어갔다. 나도 함께 받은 월급인데, 갑자기 허탈해진다. 이건 아니다 싶다.

팔아야 돈이다. 경영주의 사명은 직원들 월급 주고 그들의 생계를 책임져 주는 것이다. 돈을 벌고 싶으면 회사를 팔아서 EXIT 해야 한다. 많은 사람들은 "투자 받았다"라고 표현하지만, 내용을 들여다보면, M&A 등을 통해 EXIT 했다는 이야기다.

나는 모든 창업자들은 자신의 역량과 한계를 알아야 한다고 생각한다. 사람은 욕심이 한이 없다. 자기가 모든 것을 다 직접 끝까지 해야 한다고 믿는다. 나는 좋은 사업 아이템을 착안해내고, 그것을 현실화시키기 위해 온갖 방안을 찾아내는 것까지가 나의 역할이고 한계라고 판단했다. 경영은 또 다른 탤런트다.

빌게이츠에 대한 나의 생각은 이렇다. 빌게이츠는 자신이 천재여서도, 제품이 탁월하게 뛰어나서도 아닌 변호사인 아버지와 유태 자본의 힘을 통해 투자와 경영을 잘 이끌어 낸 것이 성공의 요인이었다고…

사람들은 특허가 있으면 세상이 바뀔 것처럼 이야기 한다. 좋은 제품이나 서비스가 있으면 매출은 따라 오는 것이라 생각한다. 그러나 나의 경험은 그렇지 않다고 스스로에게 경고한다.

모든 창업주는 떠날 때를 알아야 한다. 자신도 살고 아이템도 살리면 적절한 시기에 그것을 새로운 재능자에게 바톤 터치할 마음의 자세가 되어 있어야 한다. 새로운 전문 경영인에게든, 사업 파트너에게든, 혹은 M&A 매수자에게든 말이다.

영원한 성공도
재기불능의 실패도 없다

"당신은 성공한 사업가입니까?"

답변해 보시라!

다시 말을 바꾸어서,

"당신의 인생은 성공한 편입니까? 실패한 상황입니까?"

이제는 답할 수 있으신가?

나는 이렇게 생각한다. 인생은 죽어서 무덤에 들어가기 전까지는 계산서를 뽑을 수 없다고…

내가 살아 있다는 것 자체가 아직은 기회가 있는 것이고, 아직은 9회 말 역전의 만루 홈런을 기대할 수 있다고. 나이 70에 노숙자가 되었더라도, 길거리에서 주운 복권 한 장으로 기사회생을 할 수도 있는 것 아닌가?

"It ain't over till it's over"

죽기 전에는 기회가 있는 것이다.

절대 죽지 마라.

그리고 기죽지도 마라!

당신은 이 세상에 하나 뿐인 존재다!

한정판매로 봐도 충분히 희소성이 있다. 지금 그 나이까지 먹은 밥값에 옷값에 술값만 해도 이미 수억은 넘는다. 심형래도 이런 말 했다고 한다.

"나라고 항상 웃기나?"

누구나 성공할 것 같으면 왜 남의 회사에서 욕 처먹어 가며 일하겠는가? 어려운 걸 도전했으니, 잘 안되었다고 해서 낙담하지 마라.

인생 원래 그런 거다.

반대로, 잘 되었다고 자랑질 하지 마라!

까불다가 세금 폭탄 맞고 죽는 수 있다. 내부고발로 회사 쑥대밭 되고 망신살 퍼질 수 있다.

너로 인해 피 눈물 흘렸을 사람이 몇 백, 몇 천일지 돌아봐라.

네가 잘 나서 된 게 아니라, 시대를 잘 타고 난 것이고, 운빨 좋아서 무탈하게 잘 넘어간 줄 알아라.

사업이나 인생이나 절편을 어디로 자르느냐에 따라 평가도 달라질 수 있다.

국제그룹, 대우그룹도 초창기에는 어려웠을 것이다. 창업 15년쯤엔 천하를 호령했을 테고… 그러나 지금 가수 GD를 아는 어린 친구들은 그런 그룹이 있었는지도 모를게다.

나도 지금 당장의 절편을 자르면 꽤나 성공한 IT 벤처 기업가다. 유명한 대학의 겸임교수이기도 하다.

나는 요즘 돌아가신 아버지가 자주 생각난다.

어렵게 자수성가 하셨던 아버지는 겉으론 독한 듯 보였지만, 마음은 여리셨다. 7남매의 장남이셨으니 오죽하셨을까?

지금 생각해 보면, 나는 아버지의 반도 못 쫓아가는 놈이다. 그 어렵던 시절, 간판가게에서부터 언론사, 출판사까지… 회사를 설립하고 직원들 월급을 주었다. 기사를 둔 자가용도 있었고, 평창동에 커다란 저택도 직접 지으셨다. 우리 삼남매는 성장하여 대학에 다닐 때까지 아버지의 그늘에서 부족할 것 없이 잘 살았다.

그러나 아버지의 말로는 비참했다. 사업의 모든 빚을 스스로 떠안았다. 주식회사였음에도 거래처에 피해를 주지 않기 위해 집을 팔아 대금을 지급해 주었다. 피해는 가족에게 전가되었다.

아버지가 돌아가신 날, 나는 아버지의 지갑을 보고 눈물을 펑펑 흘리지 않을 수 없었다. 너덜너덜한 지갑에 천 원짜리 한 장과 이미 꽝으로 판명난 복권이 수십 장 들어 있었다.

나는 아버지를 인천 앞 바다에 뿌리며 결심했다.

'사업을 절대로 하지 않으리라…'

그러나 지금 나는 사업을 하고 있다. 좋은 대학 나오고, 좋은 회사 다니면 노년도 행복할 줄 알았다. 학교에서 그렇게 배운 것 같은데, 나의 삶은 여전히 피곤하다.

나는 이 책을 읽는 이들에게 사업을 하라고 권하고 싶지 않다.

그냥, 적더라도 누가 월급 준다고 하면 모든 굴욕과 노고를 감내하더라도 그 '남의 돈'을 받으시라고 권하고 싶다.

지금은 청년이나 노년이나 남의 돈 받기가 참으로 어려운 시대다. 어쩔 수 없이 창업을 해야 한다. 그 누구도 나에게 돈을 주는 이 없기 때문에 내가 생존하고 아내와 애들과 노부모를 봉양하려면 나는 창업이라도 해야만 한다.

나는 이 책이 이제는 등 떠밀려 더 이상 창업 말고는 대안이 없는 이들에게 작은 위로가 되길 바란다.

그들에게, '쫄지 말라고…'

'그냥, 별거 아니라고…'

'아님 말지…' 혹은, 'XX이라고 욕하면서 나아가라고…'

담력을 키워주는 역할을 했으면 한다.

불안하고, 걱정되고, 잠 못 이루는…

이제는 어린이가 아니라서 누구에게도 기댈 수 없는…

'피치 못해 창업을 하는 어른들'을 위해 이 책을 선사한다!

2018년 8월 20일 일산에서 저자 송 명 빈 엎드려 배상

'노동부'일자리 안전자금 사업

1. 법인 조건
- 30인 미만
- 당기순이익 5억 원 미만
- 임금체불 없음
- 국자재정 지원 사업 이 수령자 [단, 사회적기업은 인건비 지원자와 일반직원이 혼재되어 있으므로 지원받지 않은 직원은 신청 O]
- 최저임금 보장
- 지원기간 동안 고용유지
- 고용조정이 불가피할 경우 소명이 필요함

  [고용조정 직전 달 = 기준 달 직전 3개월 평균보다 재고 50% 증가, 생산량 30% 감소, 매출액 30% 감소] [사업부서 폐지, 생산라인 폐지와 같은 사업 규모 축소] [자동화와 같은 인원 감축을 가져오는 시설 설치] [경제 상황 악화로 고용조정이 불가피함을 고용노동부 장관이 인정한 경우]

2. 근로자 조건
- 월평균 급여 세전 190만 원 미만 [전년도 급여 190만 원 이상이면 제외], [지원기간 중 급여 190만 원 이상으로 조정되면 제외]
- 1개월 이상 고용유지
- 고용보험 가입
- 2018년 1월 1일 이전부터 계속 근무자의 경우 전년도 급여 유지

  [경영, 경제 악화로 고용조정이 불가피하나 근로자와 임금 저하 조정을 서면합의한 경우 예외]
  - 특수한 관계는 제외 [대표자와 직계존비속, 배우자 등]

3. 지급액
- 2018년도 말까지 월정액 13만 원
- 월 중간 입사자는 일할 계산

  [육아휴직과 같은 개인 사정으로 근로 미 제공 시 지원금 미지급]

4. 지급 시기 및 방식
- 최초 분은 지급 결정일로부터 3일 이내, 불가피한 경우가 없을 경우 신속히 지급
- 2회분 이후 매월 10, 20, 30일 중 사업주가 선택한 희망일자에 지급
- 법인통장으로 직접 지급과 사회보험료 대납 방식

5. 지원 방법
- 고용노동부 사이트 '일자리 안정자금 지원 사업'

M&A

1. M&A(merger & acquisition)의 뜻
M&A는 다른 회사의 경영권을 확보하기 위해 기업을 사들이거나 합병하는 것을 말한다. 기업합병(merger)과 한 기업이 다른 하나의 자산 또는 주식의 취득을 통해 경영권을 획득하는 기업인수(acquisition)가 결합된 개념이다. 따라서 M&A는 기본적으로 주식 확보를 통해 이뤄진다. 주식을 확보하기 가장 손쉬운 방법은 기존 대주주가 가진 주식을 사들이는 방법이다. 그리고 M&A는 그 성격에 따라 우호적M&A(기업의 인수, 합병을 상대기업의 동의를 얻는 경우)와 적대적 M&A(상대기업의 동의 없이 강행하는 경우)가 있다.

2. M&A의 방식
일반적인 M&A방법으로는 주식인수, 영업양수, 자산취득, 위임장대결, 합병 등이 있으며, '적대적 M&A'는 주로 주식매수와 위임장대결을 통해 이루어진다.
- 자산인수: 대상기업의 자산뿐 아니라 영업권 등 포괄적 권리를 매수.
- 주식인수: 주식 매수를 통한 회사의 경영권 인수(주주개별매수, 증권시장매수, 공개매수)
- 흡수합병: 인수기업이 대상기업을 흡수.
- 신설합병: 양 기업이 합병하여 새로운 회사를 설립.
- 역합병: 실질적인 인수기업이 소멸하고 피인수기업이 존속.

기업 공개 종류

1. 코스피(KOSPI)

Korea Composite Stock Price Index

한국거래소(KRX) 유가증권시장의 종합주가지수를 이르는 말.
의미가 확대되어 유가증권시장을 코스피 시장(KOSPI Market)이라
고도 한다.

2. 코스닥(KOSDAQ)

Korea Securities Dealers Automated Quotation

한국거래소(KRX)의 코스닥시장본부가 운영하는 주식시장의 통칭.
시장자체를 말하기도 하며 또한 이와 연계된 지수를 일컫는 말이기
도 하다. 미국의 나스닥을 베낀 것으로 알려져 있다. 출범시에는 증
권업협회와 증권회사들이 공동출자한 (주)코스닥시장으로 시작했
으나, 2004년 법률로 한국증권선물거래소로 통합작업이 이루어지
면서 증권업협회 관리에서 벗어났다. 이후 2009년 상호를 다시 한
국거래소(KRX)로 바뀌었다.

3. 코넥스(KONEX)

Korea New Exchange

2013년 7월 1일 출범한 대한민국 주식시장 중 하나. 제3시장에 해
당한다.
한국거래소에서 운영하며, 코스닥시장에 상장할 요건이 안 되는 중
소기업들을 지원하여 성장을 시켜 주기 위한 주식시장이다.
이 시장이 출범하면서 원래 제3시장이라 불리던 프리보드는 제4시
장으로 밀렸다.
코스피, 코스닥과는 달리 별도의 주가지수 산출은 하지 않고 있다.

4. 스팩 상장(SPAC)

Special Purpose Acquisition Company 비상장기업 인수합병을 목적
으로 하는 페이퍼컴퍼니(paper company).

공모로 액면가에 신주를 발행해 다수의 개인투자자금을 모은 후 상장한 후 3년 내에 비상장 우량기업을 합병해야 한다. 일반투자자들로서는 SPAC 주식 매매를 통해 기업 인수에 간접 참여하는 셈이 되고 피인수 기업으로서는 SPAC에 인수되는 것만으로 증시에 상장하는 효과가 있다. 우회상장과 유사하지만 SPAC는 실제 사업이 없고 상장만을 위해 존재하는 페이퍼컴퍼니라는 점이 다르다.

5. 가상화폐 공개(ICO)

initial coin offering

사업자가 블록체인 기반의 암호화폐 코인을 발행하고 이를 투자자들에게 판매해 자금을 확보하는 방식이다.

코인이 가상화폐 거래소에 상장되면 투자자들은 이를 사고 팔아 수익을 낼 수 있다.

투자금을 현금이 아니라 비트코인이나 이더리움 등의 가상화폐로 받기 때문에 국경에 상관없이 전세계 누구나 투자할 수 있다.

암호화폐 상장에 성공하고, 거래가 활성화할 경우 높은 투자 실적을 기대할 수 있다. 반면 투자 리스크가 매우 큰 상품이라는 속성도 갖고 있다. 암호화폐 공개가 기업 공개와 다른 점은 공개 주간사가 존재하지 않고 사업주체가 직접 판매한다는 것이다. 감사가 없고 누구라도 자금 조달을 할수 있다. IPO처럼 명확한 상장 기준이나 규정이 없기 때문에 사업자 중심으로 ICO 룰을 만들 수 있어 상당히 자유롭게 자금을 모집할 수 있다. 따라서 '상장할 계획이 없다' '단순 자금 모집' '자금을 모집한 뒤 모습을 감췄다' 등의 사기 ICO가 벌어지는 사례도 세계 각국에서 빈번하게 일어난다

중국 정부는 2017년 9월4일 ICO를 전면금지시켰으며 한국 정부도 같은 달 29일 명칭이나 형식을 구별하지 않고 모든 ICO를 금지한다고 발표했다.

[부록]
창업에서 폐업까지
일용할 양식들

정　관

제　정　2015. 10. 20
개　정　2018. 08. 30

제 1 장 총 칙

제 1 조 (상호)

당 회사는 "주식회사 피사시"이라 한다. 영문으로는 'PISASI'라 표기한다.

제 2 조 (목적)

당 회사는 다음 사업을 경영함을 목적으로 한다.
1. 소프트웨어 개발 및 공급업
1. 인터넷 서비스업
1. 정보통신 제공업
1. 인터넷을 통한 광고 대행업
1. 컴퓨터 관련 하드웨어 도소매업
1. 컴퓨터 주변기기 판매업
1. 전자상거래를 통한 통신 판매업
1. 방송, 통신, 인터넷 관련 기획 컨설팅업
1. 방송제작업
1. 프랜차이즈업
1. 위 각호에 관련된 수출입업
1. 위 각호에 관련된 부대사업

제 3 조 (본점소재지 및 지점 등의 설치)

(1) 당 회사의 본점은 서울시 내에 둔다.
(2) 당 회사는 필요에 따라 국내외에 지점, 출장소, 사무소 및 현지법인 등을 둘 수 있다.

제 4 조 (공고방법)

당 회사의 공고는 서울시에서 발행하는 일간 서울신문에 게재한다.

제 2 장 주 식

제 5 조 (회사가 발행할 주식의 총수)
당 회사가 발행할 주식의 총수는 2,000,000주로 한다.

제 6 조 (1주의 금액)
당 회사가 발행하는 주식 壹주의 금액은 금500원으로 한다.

제 7 조 (회사의 설립 시에 발행하는 주식총수)
(1) 당 회사는 설립 시에 2,000주의 주식을 발행하기로 한다.

제 8 조 (주권의 발행과 종류)
당 회사가 발행할 주식은 보통주식으로서 전부 기명식으로 하고, 주권은 壹주권, 五주권, 拾주권, 五拾주권, 百주권, 五百주권, 壹阡주권, 壹萬주권의 八종으로 한다.

제 9 조 (신주인수권)
(1) 당 회사의 주주는 신주발행에 있어서 그가 소유한 주식 수에 비례하여 신주를 배정받을 권리를 가진다.
(2) 제1항의 규정에 불구하고 다음 각 호의 경우에는 주주 외의 자에게 이사회 결의로 신주를 배정할 수 있다.
  1. 발행주식 총수의 100분의 50을 초과하지 않는 범위 내에서 이사회의 결의로 일반 공모증자 방식으로 신주를 발행하는 경우
  2. 우리사주 조합원에게 신주를 우선 배정하는 경우
  3. 주식매수선택권의 행사로 인하여 신주를 발행하는 경우
  4. 주식예탁증서(DR) 발행에 따라 신주를 발행하는 경우
  5. 회사가 경영상 필요로 외국인투자촉진법에 의한 외국인투자를 위하여 신주를 발행하는 경우
  6. 긴급한 자금의 조달을 위하여 국내외 금융기관에게 신주를 발행하는 경우
  7. 회사가 첨단기술의 도입, 사업다각화, 해외진출, 원활한 자금조달 등 전략제휴에 따라 법인 및 개인에게 신주를 배정하는 경우
  8. 주권을 신규 상장하거나 협회 등록하기 위하여 신주를 모집하거나 인수인에게 인수하게 하는 경우

9. 지방자치단체 등에 기부채납 하는 경우

　(3) 주주가 신주인수권의 일부, 또는, 전부를 포기하거나 상실한 경우와 신주발
　　행에서 단주가 발생하는 경우에 그 처리방법은 이사회의 결의로 정한다.

제 10 조 (시가발행)

당 회사는 신주를 발행함에 있어 그 일부, 또는, 전부를 시가로 발행할 수 있으며 이
때 그 발행가격은 이사회의 결의로 정한다.

제 11 조 (명의개서 대리인)

　(1) 당 회사는 주식의 명의개서 대리인을 둘 수 있다.
　(2) 명의개서 대리인 및 그 사무취급 장소와 대행 업무의 범위는 이사회의 결
　　의로 정하고 이를 공고한다.
　(3) 당 회사는 주주명부, 또는, 그 복사본을 명의개서 대리인의 사무취급 장소
　　에 비치하고. 주식의 명의개서, 질권의 등록 또는 말소, 신탁재산의 표시 또
　　는 말소, 주권의 발행, 신고의 접수, 기타 주식에 관한 사무는 명의개서 대
　　리인으로 하여금 취급하게 한다.
　(4) 제3항의 사무취급에 관한 절차는 명의개서 대리인의 유가증권의 명의개서
　　대행 등에 관한 규정에 따른다.

제 12 조 (질권의 등록 및 신탁재산의 표시)

당 회사의 주식에 관하여 질권의 등록 또는 신탁재산의 표시를 청구함에 있어서는
당 회사가 정하는 청구서에 당사자가 기명날인, 또는, 서명하고 이에 주권을 첨부
하여 제출하여야 한다. 그 등록 또는 표시의 말소를 청구함에 있어서도 같다.

제 13 조 (주권의 재발행)

　(1) 주권의 분할, 병합, 오손 등의 사유로 인하여 주권의 재발행을 청구함에 있
　　어서는 당 회사가 정하는 청구서에 기명날인, 또는, 서명하고 이에 주권을
　　첨부하여 제출하여야 한다.
　(2) 주권의 상실로 인하여 그 재 발행을 청구함에 있어서는 당 회사가 정하는
　　청구서에 기명날인 또는, 서명하고, 이에 제권 판결의 정본, 또는, 등본을
　　첨부하여야 제출하여야 한다.

제 14 조 (수수료)

본 정관에서 정한 제12조(질권의 등록 및 신탁재산의 표시) 및 제13조(주권의 재발행) 규정상의 청구를 하는 자는 당 회사가 정하는 수수료를 납부하여야 한다.

제 15 조 (주주명부의 폐쇄)

(1) 당 회사는 매 영업연도 종료일의 다음날부터 정기주주총회의 종결일까지 주주명부의 기재의 변경을 정지한다.

(2) 제1항의 경우 이외의 주주, 또는, 질권자로서 권리를 행사할 자를 확정하기 위하여 필요한 때에는 이사회 결의에 의하여 주주명부의 기재의 변경을 정지하고, 또는, 기준일을 정할 수가 있다. 이 경우에는 그 기간, 또는, 기준일의 2주간 전에 공고하여야 한다.

제 16 조 (주주의 주소, 성명 및 인감, 또는, 서명 등의 신고)

(1) 당 회사의 주주 및 등록된 질권사, 또는, 그 법정대리인이나 대표자는 당 회사 정하는 서식에 의하여 그의 성명, 주소와 인감, 또는, 서명 등을 명의개서 대리인에게 신고하여야 한다.

(2) 외국에 거주하는 주주와 등록 질권자는 대한민국 내에 통지를 받을 장소와 대리인을 정하여 신고하여야 한다.

(3) 제1항 및 제2항에 정한 사항에 변경이 있는 경우에도 이에 따라 신고하여야 한다.

제 3 장 사 채

제 17 조 (전환사채의 발행)

(1) 당 회사는 이사회의 결의로 주주, 또는, 주주 외의 자에게 전환사채를 발행할 수 있다. 다만, 이사회의 결의가 있을 때에는 각 주주는 사채인수권을 포기한 것으로 본다.

(2) 제1항의 전환사채에 있어서 이사회는 그 일부에 대하여만 전환권을 부여하는 조건으로도 이를 발행할 수 있다.

(3) 전환으로 인하여 발행하는 주식은 기명식 보통주식으로 하고 전환가액은 주식의 액면가액, 또는, 그 이상의 가액으로 전환권 행사 시 이사회의 결의에 의한다.

(4) 전환사채권자가 전환을 청구할 수 있는 기간은 당해 사채의 발행일로부터 12월이 경과하는 날로부터 그 상환 기일의 직전 일까지로 한다. 다만, 위 기간 내에서 이사회의 결의로 그 기간을 조정할 수 있다.

(5) 제1항의 전환사채에 있어서 주식으로 전환에 의하여 발행된 주식에 대한 이익의 배당에 관하여는 전환을 청구한 때가 속하는 사업연도의 직전 사업연도 말에 전환된 것으로 본다.

제 18 조 (신주인수권부사채의 발행)

(1) 당 회사는 주주, 또는, 주주 외의 자에게 신주인수권부사채를 발행할 수 있다.

(2) 신주인수를 청구할 수 있는 금액은 사채의 액면총액을 초과하지 않는 범위 내에서 이사회가 정한다.

(3) 신주인수권의 행사로 발행하는 주식은 기명식 보통주식으로 하고, 발행가액은 주식의 액면가액 또는 그 이상의 가액으로 사채 발행 시 이사회의 결의로 정한다.

(4) 신주인수권을 행사할 수 있는 기간은 당해 사채의 발행일로부터 12월이 경과하는 날로부터 그 상환 기일의 직전 일까지로 한다. 다만, 위 기간 내에서 이사회의 결의로 그 기간을 조정할 수 있다.

(5) 제1항의 신주인수권부사채에 있어서 신주인수권을 행사한 자에 대한 이익의 배당에 관하여는 신주의 발행가액의 전액을 납입한 때가 속하는 사업연도의 직전 사업연도 말에 신주의 발행이 있는 것으로 본다.

제 19 조 (사채발행에 관한 준용규정)

본 정관에서 정한 제15조(주주명부의 폐쇄), 제16조(주주의 주소, 성명 및 인감, 또는, 서명 등의 신고)의 규정은 사채발행의 경우에 준용한다.

제4장 주주총회

제20조 (소집시기)

  (1) 당 회사의 주주총회는 정기주주총회와 임시주주총회로 한다.

  (2) 당 회사의 정기주주총회는 매 영업연도 종료일의 다음날부터 3월 이내에 소집하고, 임시주주총회는 필요에 따라 수시로 소집한다.

제21조 (소집권자)

주주총회의 소집은 법령에 다른 규정이 있는 경우를 제외하고는 이사회의 결의에 따라 대표이사(사장)가 소집하며, 대표이사(사장) 유고 시는 본 정관에서 정한 제37조(이사의 직무)의 규정을 준용한다.

제22조 (소집통지 및 공고)

  (1) 주주총회를 소집함에는 그 일시, 장소 및 회의의 목적사항을 총회일 2주전에 각 주주에게 서면으로 통지를 발송하여야 한다.

  (2) 회사는 제1항의 소집통지서에 주주가 서면에 의한 의결권을 행사하는데 필요한 서면과 참고자료를 첨부하여야 한다.

  (3) 제1항 및 제2항의 규정에도 불구하고, 자본금 총액이 10억원 미만인 때에 주주총회를 소집하는 경우에는 주주총회일의 10일 전에 각 주주에게 서면으로 통지를 발송하거나 각 주주의 동의를 받아 전자문서로 통지를 발송할 수 있고, 무기명식의 주권을 발행한 경우에는 주주총회일의 2주 전에 주주총회를 소집하는 뜻과 회의 목적사항을 공고할 수 있다.

  (4) 자본금 총액이 10억원 미만인 때에 주주 전원의 동의가 있을 경우에는 소집절차 없이 주주총회를 개최할 수 있고, 서면에 의한 결의로서 주주총회의 결의에 갈음할 수 있다. 결의의 목적사항에 대하여 주주 전원이 서면으로 동의를 한 때에는 서면에 의한 결의가 있는 것으로 본다.

  (5) 제4항의 서면에 의한 결의는 주주총회의 결의와 같은 효력이 있으며, 그 서면에 의한 결의에 대하여는 주주총회에 관한 규정을 준용한다.

제23조 (소집지)

주주총회는 본점소재지에서 개최하되, 필요에 따라 이의 인접지역에서도 개최할 수 있다.

제 24 조 (의장)

대표이사(사장)가 주주총회의 의장이 된다. 그러나 대표이사(사장) 유고 시에는 다른 이사가 의장이 된다.

제 25 조 (의장의 질서유지권)

(1) 주주총회의 의장은 그 주주총회에서 고의로 의사진행을 방해하기 위한 언행을 하거나 질서를 혼란케 하는 자에 대하여 그 발언의 정지, 취소 ,또는, 퇴장을 명할 수 있으며, 그 명을 받는 자는 이에 응하여야 한다.

(2) 주주총회의 의장은 의사진행의 원활을 기하기 위하여 필요하다고 인정할 때에는 주주의 발언의 시간 및 회수를 제한 할 수 있다.

제 26 조 (주주의 의결권)

주주의 의결권은 1주마다 1개로 한다.

제 27 조 (상호주에 대한 의결권 제한)

본 회사, 모회사 및 자회사 또는 자회사가 다른 회사의 발행주식 총수의 10분의 1을 초과하는 주식을 가지고 있는 경우 그 다른 회사가 가지고 있는 당 회사의 주식은 의결권이 없다.

제 28 조 (의결권의 불통일행사)

(1) 2개 이상의 의결권을 가지고 있는 주주가 의결권의 불통일행사를 하고자 할 때에는 총회일의 3일전에 회사에 대하여 서면으로 그 뜻과 이유를 통지하여야 한다.

(2) 회사는 주주의 의결권의 불통일 행사를 거부할 수 있다. 그러나 주주가 신탁을 인수하였거나 기타 타인을 위하여 주식을 가지고 있는 경우에는 그러하지 아니하다.

제 29 조 (의결권의 행사)

(1) 주주는 총회에 출석하지 아니하고 서면에 의하여 의결권을 행사할 수 있다.

(2) 서면에 의하여 의결권을 행사하고자 하는 주주는 의결권행사에 관한 서면

에 필요한 사항을 기재하여, 총회일의 전일까지 회사에 제출하여야 한다.

(3) 주주는 대리인으로 하여금 그 의결권을 행사할 수 있다.

(4) 제3항의 대리인은 주주총회의 개시 전에 그 대리권을 증명하는 서면위임
장을 제출하여야 한다.

제 30 조 (주주총회의 결의방법)

주주총회의 결의는 법령 또는 정관에 다른 규정이 있는 경우를 제외하고는 출석한
주주의 의결권의 과반수로 하되 발행주식 총수의 4분의 1 이상의 수로 하여야 한다.

제 31 조 (주주총회 의사록)

주주총회의 의사는 그 경과의 요령과 결과를 의사록을 작성하여 기재하고, 의장과
출석한 이사가 기명날인 또는 서명을 하여 본점과 지점에 비치한다.

제5장 이사, 감사, 이사회

제 32 조 (이사와 감사의 수)
당 회사의 이사는 1인 이상, 감사는 1인 이상으로 한다. 다만, 회사의 자본금이 10억원 미만일 경우에는 이사를 1인, 또는, 2인으로 할 수 있고, 감사는 선임하지 아니할 수 있다.

제 33 조 (이사의 선임)
당 회사의 이사는 주주총회에서 선임하며, 출석한 주주의 의결권의 과반수로 하되 발행주식 총수의 4분의 1 이상의 다수로 한다.

제 34 조 (감사의 선임)
당 회사의 감사는 주주총회에서 선임하며, 감사의 선임에 있어서는 의결권 없는 주식을 제외한 발행주식 총수의 100분의 3을 초과하는 수의 주식을 가진 주주는 그 초과하는 주식에 관하여는 의결권을 행사하지 못한다.

제 35 조 (이사 및 감사의 임기)
(1) 이사의 임기는 취임 후 3년으로 한다. 그러나 이사의 임기가 재임 중 최종결산기에 관한 정기주주총회의 종결 전에 끝날 때에는 그 종결에 이르기까지 그 임기를 연장한다.
(2) 감사의 임기는 취임 후 3년 내의 최종결산기에 관한 정기주주총회의 종결 시까지로 한다.

제 36 조 (이사 및 감사의 보선)
(1) 이사 또는 감사가 결원되었을 때는 임시주주총회를 소집하여 보결 선임한다. 그러나 법정원수가 되고 또한 업무집행 상 지장이 없을 때는 보결 선임을 보류, 또는, 다음 정기주주총회 시까지 연기할 수 있다.
(2) 제1항에 의하여 선임된 이사 및 감사의 임기는 선임된 날로부터 새로이 진행된다.

제 37 조 (이사의 직무)
부사장, 전무이사, 상무이사 및 이사는 대표이사(사장)를 보좌하고, 이사회에서 정하는 바에 따라 당 회사의 업무를 분장 집행하며, 대표이사(사장)의 유고 시에는 위 순서에 따라 그 직무를 대행한다.

제 38 조 (이사의 의무)

(1) 이사는 법령과 정관의 규정에 따라 선량한 관리자의 주의로서 당 회사를 위하여 그 직무를 수행하여야 한다.

(2) 이사는 당 회사에 현저하게 손해를 미칠 염려가 있는 사실을 발견한 때에는, 즉시, 감사에게 이를 보고하여야 한다.

(3) 이사는 재임 중 뿐만 아니라, 퇴임 후에도 직무상 지득한 회사의 영업상 비밀을 누설하여서는 아니 된다.

제 39 조 (감사의 직무와 의무)

(1) 감사는 당 회사의 업무 및 회계를 감사한다.

(2) 감사는 회의의 목적사항과 소집의 이유를 기재한 서면을 이사회에 제출하여 임시총회의 소집을 청구할 수 있다.

(3) 감사는 그 직무를 수행하기 위하여 필요한 때에는 자회사에 대하여 영업의 보고를 요구할 수 있고, 이 경우 자회사가 지체 없이 그 보고를 하지 아니할 때, 또는, 그 보고의 내용을 확인할 필요가 있는 때에는 자회사의 업무와 재산 상태를 조사할 수 있다.

(4) 감사에 대하여는 본 정관에서 정한 제38조(이사의 의무) 제3항의 규정을 준용한다.

(5) 당 회사에 감사를 두지 아니하는 경우에는 주주총회가 감사의 업무 및 회사 재산 상태에 관한 감독의무를 수행한다.

제 40 조 (감사의 감사록)

감사는 감사의 실시 요령과 그 결과를 감사록에 기재하고, 그 감사를 실시한 감사가 기명날인, 또는, 서명을 하여야 한다.

제 41 조 (이사 및 감사의 보수와 퇴직금)

(1) 이사 및 감사의 보수는 주주총회의 결의로 이를 정한다. 다만, 직원의 업무를 겸하여 수행하는 이사 및 감사에 있어서 직원의 업무에 대한 보수는, 여타 직원의 경우에 준한다.

(2) 이사 및 감사의 퇴직금의 지급은 주주총회의 결의를 거친 퇴직금지급규정에 의한다.

(3) 제2항의 퇴직금은 최소 근로기준법에서 규정되어 있는 금액이상으로 한다.

제 42 조 (상담역 및 고문)

(1) 당 회사는 이사회의 결의로 상담역 및 고문 약간 명을 둘 수 있다.

(2) 상근하지 아니하는 상담역이나 고문은 등기하지 아니한다.

제 43 조 (대표이사)

대표이사는 당 회사를 대표하고, 대표이사가 수인일 때에는 이사회의 결의로 각자, 또는, 공동으로 대표할 것을 정하여야 한다.

제 44 조 (대표이사의 선임)

대표이사는 이사회에서 선임한다. 다만, 이사가 2인 이하인 경우, 대표이사는 주주총회에서 선임한다.

제 45 조 (업무집행)

(1) 대표이사는 당 회사의 업무를 통할하고, 전무이사, 또는, 상무이사는 대표이사를 보좌하여 그 업무를 분장한다.

(2) 대표이사가 유고 시에는 미리 이사회에서 정한 순서에 따라 전무이사, 또는, 상무이사 등이 대표이사의 직무를 대행한다.

제 46 조 (이사회의 결의 방법)

(1) 이사는 이사회를 조직하고 대표이사의 선임과 회사 업무집행에 관한 중요 사항을 결의하며 의장은 대표이사가 된다.

(2) 이사회의 결의는 이사 과반수의 출석과 출석이사의 과반수로 한다.

(3) 이사의 수가 2인 이하인 경우에는 이사회를 구성하지 아니하며, 정관, 또는, 법률의 규정에 의한 이사회결의사항은 주주총회에서 결의한다. 이 경우, 본 정관상의 이사회는 모두 주주총회로 본다.

(4) 이사회는 이사의 전부 또는 일부가 직접 회의에 출석하지 아니하고, 모

든 이사가 동영상 및 음성을 동시에 송수신하는 통신수단에 의하여 결의에 참가하는 것을 허용할 수 있다. 이 경우, 당해 이사는 이사회에 직접 출석한 것으로 본다.

(5) 이사회 결의에 관하여 특별한 이해관계가 있는 자는 의결권을 행사하지 못한다.

제 47 조 (이사회의 소집)

이사회는 대표이사, 또는, 이사회에서 따로 정한 이사가 있는 때에는 그 이사가 총회일의 1주전에 각 이사 및 감사에게 통지하여 소집한다. 그러나 이사 및 감사 전원의 동의가 있을 때에는 소집절차를 생략할 수 있다.

제 48 조 (이사회의 의사록)

이사회의 의사록에는 의사의 경과요령과 그 결과를 기재하고, 출석한 이사 및 감사가 기명날인 또는 서명하여 본점에 비치한다.

제 6 장 계 산

제 49 조 (영업연도)

당 회사의 영업연도는 매년 1월 1일부터 동년 12월 31일까지로 한다.

제 50 조 (재무제표 영업보고서의 작성비치)

 (1) 당 회사의 대표이사는 정기주주총회의 총회일 6주간 전에 다음 서류 및 그 부속명세서와 영업보고서를 작성하여 이사회의 승인과 감사의 감사를 받아 정기총회에 제출하여야 한다.

 1. 대차대조표

 2. 손익계산서

 3. 이익금처분계산서, 또는, 결손금처리계산서

 4. 기타 재무제표부속명세서 및 영업보고서

 (2) 감사는 정기주주총회의 총회일 1주 전까지 감사보고서를 사내이사에게 제출하여야 한다.

 (3) 대표이사는 제1항 각호의 서류와 그 부속명세서를 영업보고서 및 감사보고서와 함께 정기주주총회의 총회일 1주간 전부터 본사에 5년간, 그 부본을 지점에 3년간 비치하여야 한다.

 (4) 대표이사가 제1항 각호의 서류에 대한 주주총회의 승인을 얻은 때에는, 지체 없이, 대차대조표와 외부감사인의 감사의견을 공고하여야 한다.

제 51 조 (이익잉여금의 처분)

당 회사는 매 영업연도 말의 처분 전 이익잉여금을 다음과 같이 처분한다.

 1. 이익준비금 : 법정액 이상

 2. 별도적립금 : 약간

 3. 주주배당금 : 약간

 4. 임의적립금 : 약간

 5. 임원상여금 : 약간

 6. 기타의 이익잉여금 처분 : 약간

제 52 조 (이익잉여금의 배당)

 (1) 이익잉여금의 배당은 금전, 또는, 주식으로 할 수 있다.

 (2) 이익잉여금의 배당을 주식으로 하는 경우 회사가 수종의 주식을 발행한 때에는 주주총회의 결의로 그와 다른 종류의 주식으로도 할 수 있다.

(3) 제1항의 배당은 매 결산기말 현재의 주주명부에 기재된 주주, 또는, 등록된 질권자에게 지급한다.

(4) 지방자치단체 등 특정단체와의 협업 과정에서, 특정단체의 역할(영업대행 등)로 매출 발생 시, 이사회 결의를 통해, 해당 특정단체에 이익잉여금의 일부를 배정할 수 있다.

제 53 조 (배당금 지급청구권의 소멸시효)

(1) 배당금의 지급청구권은 5년간 이를 행사하지 아니하면 소멸시효가 완성된다.

(2) 제1항의 시효의 완성으로 인한 배당금은 당 회사의 이익으로 귀속한다.

부 칙

제 1 조 (최초의 영업연도)

당 회사의 최초의 영업연도는 회사설립일로부터 같은 해 12월 31일까지로 한다.

제 2조 (발기인)

발기인의 성명, 주소와 그가 설립 시에 인수한 주식 수는 이 정관 말미에 기재함과 같다.

위와 같이 주식회사 달 정관을 작성하고 발기인 전원이 이에 기명날인 또는 서명한다.

서기 2018년 08월 30일

주식회사 피사시

주소 : 서울시 영등포구 여의도동 00번지 피사시 빌딩 101호

이사회 소집 통지서

제   차   이 사 회

귀   하

다음과 같이 이사회를 소집하고자 이사회 규정 제 조에 의하여 통지합니다.

1. 일 시 :   년   월   일   시   분

2. 장 소 :

3. 의 안 :

의 안 번 호	제 목
제 호	
제 호	
제 호	

첨 부 : 1. 제   차 이사회 부의 안   부

년   월   일

이사장의 명에 의하여

이사회 사무국장   ㉑

정기주주총회 소집통지서

주주님의 건승과 댁내의 평안을 기원합니다.

상법 제365조 및 당사 정관에 의거하여 정기주주총회를 아래와 같이 개최하고자 하오니 참석하여 주시기 바랍니다.

--- 아 래 ---

1. 일시 : 2019년 03월 24일 오전 10시 00분
2. 장소 : 서울시 영등포구 여의도동 000 피사시 빌딩 5층 본점 회의실
3. 회의 목적사항
   가. 보고사항 : 영업보고, 감사보고
   나. 결의사항 : 제 3기 재무제표 승인의 건
              * 이익배당예정액 : 보통주 1주당 60원
4. 주주총회 참석시 준비물
   가. 직접행사시 : 신분증
   나. 대리행사시 : 위임장(인감날인), 인감증명서, 대리인신분증

2019년 03월 01일

주식회사 피사시

주주명부 양식

주주명부(변경 전)					
성명	주민등록 번호	주식의 종류	1주당 금액	수량	총액
합계				주	원
○○○○, ○○, ○○					
주식회사: 대표이사:					

주주명부(변경 후)					
성명	주민등록 번호	주식의 종류	1주당 금액	수량	총액
합계				주	원
○○○○, ○○, ○○					
주식회사: 대표이사:					

주식회사 피사시 이사회 의사록

O 일시 : 2019년 08월 15일 오전10시
O 장소 : 서울시 영등포구 여의도동 000 피사시 빌딩 101 회의실
O 출석이사 : 홍길동, 변학도, 이순진(전체 이사 4인 중 3인 출석)

본 이사회는 주식회사 피사시의 본점 이전에 대한 이사회 이다.
홍길동 대표이사가 의장으로 적법하게 회의가 성립되었음을 선언하고, 다음 안건을
부의하여 심의를 구하다.

I. 안건 : 안건은 주식회사 피사시의 본점 주소지 이전의 건이다.

주식회사 피사시의 본점 주소를
(이전) 서울시 강서구 화곡동 200길 삼섬빌딩 105호에서
(이후) 서울시 영등포구 여의도동 000 피사시 빌딩 101호로 이전한다.

II. 결의 내용 : 출석이사 전원은 만장일치로 위 안건을 가결하였음.

2019 년 08 월 15 일

주 식 회 사 피 사 시 　　.
이사 홍 길 동　(인)
이사 변 학 도　(인)
이사 이 순 진　(인)

임시 주주총회 의사록

주식회사 피사시

위 회사는 2019년 08월 30일 10:00 본점 회의실에서 임시주주총회를 개최하다.

주주 총수	5명	발행주식 총수	200,000주
출석주주 수	3명	출석주주의 주식수	135,000주

의장인 대표이사 홍길동은 의장석에 등단하여 정관 규정에 의거 주주총회가 소집되었음을 확인한 후, 위와 같이 법정수에 달하는 주주가 출석하였으므로 본 총회가 적법하게 성립되었음을 알리고 개회를 선언한 후 다음의 의안을 부의하고 심의를 구하다.

제1호 의안   변학도 이사 사임의 건

의장은 본 변학도 이사의 2019년 8월 5일자 사임서를 제출하고 설명한 뒤, 그 승인을 요청한 바, 참석주주 전원 이의 없이 만장일치로 이를 승인하다.

의장은 이상으로써 회의목적인 의안 전부의 심의를 종료하였으므로 폐회한다고 선언하다.(회의종료시간 10:30)

위 의사의 경과요령과 결과를 명확히 하기 위하여 이 의사록을 작성하고 의장과 출석한 이사가 기명날인 또는 서명하다.
(이사 변학도 이사는 개인 사유로 불참하다)

2019년 08월 30일

주 식 회 사 피 사 시
등록 본점 : 서울시 영등포구 여의도동 000 피사시 빌딩 101호

의장 대표이사 홍 길 동   (인)
이 순 진   (인)

대표이사 홍 길 동

근로 계약서

(계약당사자)

사 용 자 (갑)	사업자	주식회사 피사시 대표이 사 홍길동	등록번호	600-80-00001
	주 소	서울시 영등포구 여의도동 000 피사시 빌딩 101호	전화번호	02-1000-0114

근로자(을	성 명	강감찬	주민번호	
	주 소		전화번호	

제 1 조 (목적) 본 계약서는 ㈜피사시(이하 "갑"이라 한다)와 강감찬(이하 "을"이라 한다)이 상호 동등한 지위에서 포괄 근로 계약 실시를 합의하고, 필요사항을 규정 및 준수하는 것을 목적으로 한다.

제 2 조 (계약기간 및 정직원 전환)
　　　근로계약기간은 2018년 7월9일부터2018년 10월8일까지로한다.
　　　"을"의 정직원 전환은 "갑"과의 별도 서면 합의에 따른다.

제 3 조 (근무장소) "을"의 취업장소 : 주식회사피사시의서울지사
(서울시 영등포구 여의도동 000 피사시 빌딩 101호)
제1항 규정에 불구하고, "갑"은 업무상 필요에 따라 "을"의 근무 장소를 변경할 수 있다.

제 4 조 (근무시간 및 휴게시간)
　　　근로시간 : 09:00 ~ 18:00 (주5일)　휴게시간 : 12:00 ~ 13:00

제 5 조 (급여 및 지급방법)
　　① 월 명목급여는 본 계약 4조 1항에 근거하여 금3,600,000원으로 한다.
　　② 제1항의 급여는 매월 1일부터매월말일까지정산하여, 당월 27일에 지급한다.

제 6 조 (휴일 및 휴가)

① 휴일은 주휴일로 한다. 단, 휴일이 중복된 경우 하나의 휴일로 처리한다.

② 연차유급휴가 등 휴가에 관한 사항은 근로기준법이 정하는 바에 따른다.

제 7 조 ("을"의 의무)

"을"은 "갑"의 복무에 관한 규칙을 준수하고, "갑"의 업무지시 및 본 계약에 의하여 부과된업무를 신의에 따라 성실히 수행한다. 연차유급휴가 등 휴가에 관한 사항은 근로기준법이 정하는 바에 따른다.

제 8 조 (손해배상책임)

"을"의 귀책사유로 "갑"에게 손해가 발생할 경우, "을"은 "갑"에게 그 손해를 배상하여야 한다.

제 9 조 (계약의 해지)

① "을"의 사정으로 계약을 해지(사직)할 경우 최소한 30일 전에 "갑"에게 사직서를 제출하여야 한다.

② "갑"의 경영상 사정 및 천재지변 등으로 인해 근로관계를 종료하고자 하는 경우 "갑"과 "을"의 합의로 근로관계를 종료할 수 있다.

제 10 조 (준용 및 합의)

이 계약서에 명시되지 않은 사항은 관계법령에 따르며, 양 당사자의 자유로운 의사에 따른 계약임을 합의하고 아래와 같이 서명 및 날인한다.

〔특약〕

"을"은 "갑"의 경영전략과 기업비밀을 취급할 수 있는 바, 다음과 같이 별도의 특약을 체결한다.

① 비밀유지 의무: 별도로 약정한 〈비밀유지 확약서〉에 따름.

② 업무 인수인계: "을"은 퇴사 시, 최소 30일 이전에 "갑"에게 이 사실을 알려야 하며, 후임자에게 최소 20시간 이상의 교육을 통해 자신의 모든 업무를 상세히 인계하여야 한다. 이의 불 이행 시, "갑"은 "을"에게 손해배상을 청구할 수 있다.

2020년 7월 9일

사용자 : 주식회사 피사시 대표이사 홍 길 동   (인)

근로자 :   강 감 찬   (인)

사 직 서

결 재	담 당	부서장	중 역	대표이사

소　속 :　　　　　부　서 :
직　책 :　　　　　주민등록번호 :
성　명 :

1. 사　유 :

2. 입 사 일 :
사 직 일 :

위와 같이 사직서를 제출합니다.

　　　　　　　　년　　　월　　　일

　　　　　　　　　　　　성　명 :　　　　인

	소 속 부 서	담 당	부서장

　　　　(주) ○ ○ ○ 정 보 통 신　　귀 하

비밀유지 약정서

OOO 주식회사(이하 "OOOO"라 한다)와 OOO 주식회사(이하 "OOO"이라 한다)는 OOOOOOOO 사업(이하 "목적 사업"이라 함)에 관한 협의 및 "목적 사업"을 추진함에 있어 다음과 같이 비밀유지 약정(이하 "본 계약")을 체결한다.

제1조 (계약의 목적)
본 약정은 "OOOO"과 "OOO"이 양 당사자 간의 "목적 사업"에 관하여 상호 제공하는 "비밀정보"를 보호하기 위하여 필요한 사항을 규정함에 그 목적이 있다.

제2조 (비밀정보)
본 약정 상 "비밀정보"라 함은 양 당사자 간에 구두나 서면 또는 그 외의 다른 어떠한 형태로 "목적 사업"과 관련하여 제공한 모든 자료, 회의록을 비롯한 모든 협의 기록(e—mail포함), 제품, 상품화 계획, 가격 정책, 계약 조건, 영업 방법, 마케팅 계획과 전략, 연구 및 개발 활동, 연구성과물, 생산계획, 제품 개발 기술 또는 계획, 기술 프로세스, 디자인, 발명 및 연구 계획, 영업 노하우, 영업 비밀, 고객 정보, 특정 소프트웨어, 알고리즘, 사용자 매뉴얼, 시스템 관련 문서 등 유 · 무형의 여부 및 그 기록 형태를 불문한 일체의 정보로서 다음 각 호의 어느 하나에 해당하는 것을 말한다.
  1. 서면(이메일 포함)으로 제공되는 경우에는 "비밀정보"임을 나타내는 문구를 명백히 표시한 것
  2. 구두로 상대방에게 제공되는 경우에는 구두로 "비밀정보"임을 고지하고 7일 이내에 "비밀정보"임을 확인하는 서면(이메일 포함)을 상대방에게 송부한 것

제3조 (약정기간)
  1. 본 약정은 계약 체결일로부터 1년간(이하 "약정 기간"이라 함) 유효하다.
  2. 본 약정 상의 비밀유지 의무는 본 약정이 종료되거나 "목적 사업"에 대한 양사간의 사업관계가 종료된 이후에도 3년간 유효하다.

제4조 (비밀정보의 사용 제한)
  1. "정보수령자"는 "정보제공자"의 사전 서면 승인이 없는 한 "비밀정보"를 "목적 사업" 외의 다른 목적이나 용도로 사용할 수 없으며, "목적 사업"과 관련하여도 필요한 업무 수행의 범위를 초과하여 "비밀정보"를 임의로 복제, 수정, 저장, 변형 또는 분석하는 등의 행위를 할 수 없다.

2. "정보수령자"는 "목적 사업"에 필요한 범위 내에서만 관련 임직원에게 "비밀정보"를 공개할 수 있으며, 이 경우 본 약정에서 정한 "정보수령자"의 의무를 그 임직원에게도 준수하게 하며, 이들의 의무 위반은 "정보수령자"의 의무 위반으로 간주한다.

3. "정보수령자"는 "정보제공자"의 사전 서면 승인 없이는 제3자에게 "비밀정보"를 제공할 수 없으며, 사전 서면 승인을 얻은 경우에라도 당해 제3자와 별도의 비밀유지약정을 체결하여야 한다.

4. "정보수령자"는 "비밀정보"를 자신의 "비밀정보"를 취급하는 정도의 주의를 기울여 보호하고 관리하여야 하며, 그 주의의 정도는 동종 업계의 합리적인 주의의 정도를 최소한으로 한다.

5. "정보수령자"는 "비밀정보"의 외부로의 누설 또는 "비밀정보"의 대내외적 오사용 등 침해 사실이 발견된 경우 즉시 "정보제공자"에게 서면으로 그 사실을 통보하여야 한다.

제5조 (비밀정보의 제외 사유)

다음 각 호에 해당하는 정보임이 객관적인 증거에 의하여 입증되는 경우에는 "비밀정보"에 해당하지 아니한 것으로 본다.

1. "정보제공자"로부터 "비밀정보"를 제공받기 이전부터 "정보수령자"가 이미 알고 있었거나 보유하고 있던 정보

2. "정보수령자"의 귀책 사유에 의하지 아니하고 공지의 사실로 된 정보나 공개할 권한이 있는 제3자가 "정보수령자"에게 공개한 정보

3. "정보수령자"가 "비밀정보"를 이용하지 아니하고 독자적으로 개발 또는 생성한 정보

4. 비밀유지의 의무를 위반하지 아니하고 "정보수령자"가 다른 출처로부터 획득한 정보

제6조 (법·정부기관에 대한 제공)

"정보수령자"가 제3자에게 "비밀정보"를 제공하는 것이 법령상의 의무이거나 관계 행정기관 또는 법원 등의 적법한 절차에 의한 제공 요구가 있는 경우에는 "정보제공자"에게 미리 통지하고 필요한 최소한의 범위 내에서 관계 행정기관 또는 법원 등 제3자에게 "비밀정보"를 제공할 수 있다.

제7조 (보증)

1. "정보제공자"는 "비밀정보"의 현상태 그대로 제공하며, "비밀정보"의 정확성 및 완전성이나 사업 목적에 대한 적합성 및 제3자의 권리침해 여부에 대한 어떠한 보증도 하

지 않는다.

2. "정보제공자"는 "정보수령자"가 "비밀정보"를 사용함에 따른 결과에 대하여 어떠한 책임도 지지 아니한다.

제8조 (기타 사항)

1. 본 약정에서 명시한 경우를 제외하고는 본 약정의 이행 또는 "비밀정보"의 제공이 어떠한 경우에도 "정보제공자"가 자신의 현재 또는 장래의 영업비밀, 상표권, 특허권 기타의 권리에 대한 실시권, 사용권 등의 권리를 "정보수령자"에게 부여하는 것으로 해석되지 아니한다.

2. 본 약정은 어떠한 경우에도 양 당사자간에 어떠한 확정적인 후속 약정의 체결, 상품의 판매나 구입, 상호 지출한 비용에 대한 보상 등에 관한 내용을 암시하거나 이를 강제하지 아니하며, 기타 각 당사자가 제3자와 어떠한 거래 또는 약정 관계를 맺는 것을 제한하지 아니한다.

3. 본 약정으로 인하여 각 당사자는 상대방에 대하여 "비밀정보"를 제공할 의무를 부담하지 아니한다.

제9조 (비밀정보의 반환 · 폐기)

"정보수령자"는 i) 약정기간의 만료 등의 사유로 본 약정이 종료된 경우, ii) "정보제공자"가 언제라도 서면에 의하여 요구하는 경우에는 지체없이 "정보제공자"에게 "비밀정보"의 원본, 사본 및 "비밀정보"를 이용하여 생성한 서면, 자료, 데이터 등을 "정보제공자"의 선택에 따라 반환하거나 폐기하여야 하며, "정보수령자"는 "정보제공자"의 요청에 따라 그 폐기 사실을 확인하는 확인서를 확인서 요청일로부터 10일 내에 "정보제공자"에게 제출하여야 한다.

제10조 (손해배상 등)

1. "정보수령자"는 "정보제공자"의 서면 동의 없이 "비밀정보"를 고의 또는 과실로 제3자에게 공개, 제공 또는 누설한 경우 등 본 약정을 위반함으로 인하여 "정보제공자"가 입은 손해를 배상하여야 한다.

2. 양 당사자는 본 약정의 위반이 상대방에게 회복할 수 없는 손해를 가할 수 있어 사후적인 금전적 배상만으로 충분하지 아니하며, 따라서 금전적 배상에 의한 법적 구제 수단에 앞서 가처분 등 적절한 법적 구제를 위한 절차에 있어 피보전권리, 보전의 필요성 등 제반 요건을 충족시킴을 인정한다.

제11조 (양도금지)

각 당사자는 상대방의 사전 서면 동의없이 본 약정에 의하여 발생하는 권리, 의무의 전부 또는 일부를 제3자에게 양도, 이전하거나 담보의 목적으로 제공하거나 기타 어떠한 처분 행위도 할 수 없다.

제12조 (약정의 효력)
본 약정은 본 약정 체결 이전에 이루어진 당사자 간의 구두 또는 서면상의 양해 또는 합의에 우선하며, 양 당사자의 서면 합의에 의하여서만 변경될 수 있다. 또한, 본 약정상의 권리 불행사는 그 권리의 포기로 간주되지 아니 한다.

제13조 (합의관할법원)
본 약정과 관련하여 분쟁이 발생되는 경우 신의 성실을 바탕으로 양 당사자간에 신의 성실을 바탕으로 협의하여 해결하기로 하되, 협의에 의한 해결이 되지 않아 소송을 제기하는 경우 서울중앙지방법원을 제1심의 전속적 합의관할법원으로 한다.

본 약정이 유효하게 성립되었음을 증명하기 위하여, 본 약정서 2부를 작성하여 "OOOO"과 "주식회사OO"이 기명 날인한 후 각 1부씩 보관한다.

2020년 6 월 11일

"OOOO"
OOOO 주식회사
(주소) 서울시 강동구 OO로 OO길
　　　OO빌딩 00호
대표이사 홍 길 동 　　(인)
사업자등록번호: OOO-OO-OOOOO

"OOO"
주식회사 OOO
(주소) 강원도 OO시 OO길 OO
대표이사 심 학 규 　　(인)
사업자등록번호: OOO-OO-OOOO

주식회사 피사시 주간 업무보고

(2019.03.26 ~ 2019.03.30)

2019.03.30

분류	지난주 계획	지난주 실적	진척율	금주 계획	비고	담당
투자	1. 투자/대규모 투자 관련업무 Follow up (1) ㈜다퍼줘 진행상황 확인: 구체적인 정보(투자사 및 심사일정) 관련 협의예정 (3/23)	→ 금주로 연기	80%	1. 투자/대규모 투자 협력사 진행상황 점검 (1) 현재 진행상황 확인 (㈜다퍼줘, 또준다펀드, 소프트뱅커):구체 정보 (투자사 및 심사일정) 요청 및 Follow up		홍길동 대표
	(2) 투자협력 진행상황 점검 업체별 구체적인 투자사, 심사일정 등 입수예정 (~ 3/23) (또준다펀드, 소프트뱅커)	→ 무기한 연기	50%			
영업	1. 샘섬전자(개인정보과) 미팅(3/19) : 당사 2018 경영계획 공유 및 업무협의 - 삼섬그룹 내 시행 확대 공문관련 협의 (참고자료 요청) - 개인정보 강화 온라인 센터 협의 (당사 아이디어 요청) - 홍보확산 계획 협의 (당사 계획 요청) -->상기 삼섬전자 전략관련, 당사 자료 준비 후 구체적 협의키로·함 (~3/30)		70%	1. 샘섬전자(개인정보과) 업무 Follow up: 삼섬전자 그룹 내 시행 확대 공문관련 당사 자료 정리 개인정보 강화 온라인 센터 기획안 및 홍보 확산 기획안 준비 → 이순진 차장과 협의 및 공동 작성		심학규 이사
	2. 느타리 통신 미팅 (3/21) : 계약서 확정 및 느타리 영업진행상황 공유예정	→ 금주로 연기 (3/28)	30%	2. 느타리 통신 미팅 (3/28) : 계약서 확정 및 울타리 영업진행상황 공유예정		이순진 차장
	3. S플렉스 업무 Follow up :S플렉스 솔루션 적용관련 업무협의 (3/21 예정) → 적용일정, 마케팅 계획, 업무협약식 협의 예정	→S플랙스 요청으로 금주로 연기	60%	3. S플렉스 업무 Follow up : S플렉스 솔루션 적용관련 업무협의 (3/28 예정) → 적용일정, 마케팅 계획, 업무협약식 협의 예정		심청 과장

기 안 품 의 서

서서식포탈비즈폼

문서번호						
기안부서						
결 재	기안자	팀 장	임 원	회계 협의	대표 이사	
	/	/	/	/	/	
기안일자	2020. 06. 01					
최종결재자 지 시						
회계협의						
제 목	외주 개발 검수비 지급의 건					
내 용						

다음과 같이 외주 개발 검수비를 지급할 예정이오니, 결재 해주시기 바랍니다.

- 다 음 -

1. 내　　용 : 외주 개발 검수비
2. 자 문 처 : 주식회사 잘도차자
3. 자 문 료 : 3,000,000(세금 별도)
4. 지급계좌 : 남원은행 110-100-10001(예금주 이몽룡)
5. 지급일시 : 2020.06.05
6. 비　　고 : 증빙자료 첨부(별첨)

'울트라 고고 서비스'
사업 협력 계약서

2020년 8월 15일

으랏차 주식회사
주식회사 피사시

으랏차 주식회사(이하 "으랏차")와 주식회사 피사시(이하 "피사시")(이하 "피사시"와 "으랏차"를 총칭하여 "양사")은 소비자 자기정보 통제 서비스(이하 "서비스") 사업 협력 계약(이하 "본 계약")을 아래와 같이 체결한다.

제1조(목적)
"본 계약"은 공동의 발전 및 이익창출을 위해 "양사"가 보유한 기술과 인프라를 이용하여 "이용자"에게 "서비스"를 제공하기로 하고, "양사"간의 사업협력을 통한 사업추진을 위해 "양사"간의 권리와 의무 등 계약의 이행에 필요한 제반 사항을 정하는데 그 목적이 있다.

제2조(용어의 정의)
"본 계약"에서 정의하는 용어는 다음과 같다.
"울트라 고고 서비스"라 함은 핸드폰 상에서 문자와 사진이 자동으로 전송되고 삭제되는 어플리케이션을 칭한다.

제3조(사업 협력 범위)
"본 계약"에 따른 "양사"간 사업 협력 범위는 아래 각 호와 같다.
  1. "서비스" 론칭(launching)을 위한 전략 수립

2. "서비스" 활성화를 위한 마케팅, 홍보 및 영업 활동
3. "이용자"에 대한 "서비스" 제공 및 유지 관리
4. "서비스" 이용요금 청구, 수납 및 수익 배분

제4조(역할 및 책임)
① "으랏차"의 역할 및 책임은 다음과 같다.
  1. "이용자"에 대한 "서비스" 제공 및 관련 업무 총괄
  2. "서비스" 활성화를 위한 마케팅, 홍보 활동
  3. "이용자"에 대한 "서비스" 이용요금 청구, 수납 및 미납 관리
② "피사시"의 역할 및 책임은 다음과 같다.
  1. "서비스" 운영 전반 및 기능 개선
  2. "시스템" 유지 보수 및 장애 처리
  3. "으랏차"의 "이용자"의 민원에 대한 2차 응대 및 기술적 조치

제5조(비용 부담)

제4조에서 정한 "으랏차"과 "피사시"의 역할 및 책임의 이행과 관련하여 소요되는 제반 비용은 "본 계약"에서 달리 정함이 없는 이상 해당 역할 및 책임을 맡은 각 당사자가 부담한다.

제6조(서비스 수익배분)

"으랏차"는 매월 매출액에서 경상비를 제외한 순이익을 정산한 후, 총 순익의 30%를 "피사시"에게 익월 말일에 배분키로 한다.

제7조(비밀유지의무 및 상호협력)

① "양사"는 "본 계약"의 내용 및 계약 이행과정에서 상대방으로부터 제공받거나 알게 된 기술정보, 영업정보, 마케팅 정보, 컨설팅 정보 등 업무상 비밀 정보 또는 이에 준하는 모든 정보에 대하여 계약기간은 물론 계약 종료 후에도 상대방의 사전 서면 동의 없이는 제3자에게 유출하거나 "본 계약"의 이행 외에 다른 목적에 사용해서는 아니 된다.

② "양사"는 "본 계약"이 해지되거나 종료되는 경우 상대방으로부터 제공 받은 모든 정보 일체를 상대방의 요청에 따라 즉각 반환하거나, 폐기하여야 한다.

③ 본 조를 위반하여 상대방에게 손해가 발생한 경우 위반 당사자는 손해를 입은 상대방에 대한 손해배상 책임을 부담한다.

제8조(지식재산권)

① "피사시"는 "서비스"와 관련하여 제3자의 저작권, 특허권 등의 지식재산권을 침해하지 않음을 보장한다. 만약, 제3자로부터 "서비스" 관련 제3자의 지식재산권 침해나 이의제기가 있는 경우 "피사시"가 모든 법적 책임을 부담하며, 자신의 비용을 부담하여 이를 방어하고 "으랏차"를 면책시켜야 한다.

② 각 당사자는 영업활동 및 기타 목적을 위하여 상대방의 상호, 브랜드, 상표 등을 사용하고자 하는 경우, 상대방으로부터 그에 대한 별도의 사전 서면(이메일 포함) 동의를 받아야 한다.

제9조(계약 기간)

"본 계약"의 계약기간은 계약체결일로부터 1년간으로 한다. 단, 계약만료일 1개월 전까지 일방 당사자가 상대방에게 계약해지 또는 계약조건 변경에 관하여 서면 의사표시가 없는 경우 "본 계약"은 동일한 조건으로 1년간씩 자동 연장되는 것으로 한다.

제10조(계약 내용의 변경)

"본 계약"의 전부 또는 일부를 변경하고자 할 경우에는 "양사"간 서면 합의에 의하여야 한다.

제11조(계약 해지)

각 당사자는 다음 각 호 중 어느 하나의 사유가 발생한 때에는 상대방에 대한 서면통지로써 "본 계약"을 해지할 수 있다.

1. 상대방이 "본 계약"을 위반하여 그 시정을 요구 받은 날로부터 10일 이내에 위반사항을 시정 완료하지 않는 경우
2. 상대방이 회생, 파산의 신청 또는 개시가 있는 경우
3. 상대방이 어음, 수표 등 유가증권에 부도가 발생하여 거래정지 된 경우
4. 상대방이 폐업, 휴업을 하거나, 관계기관에 의하여 허가 또는 면허의 취소, 영업정지 등의 처분을 받은 경우
5. 상대방의 주요 자산에 대하여 압류, 경매, 체납처분, 기타 강제집행 절차가 개시된 경우
6. 천재지변 기타 이에 준하는 사태로 인하여 상당한 기간 동안 정상적인 계약관계를 기대할 수 없는 경우
7. 상대방이 다른 당사자의 신용을 크게 훼손하거나, 신뢰관계를 파괴하는 등 기타 계약을 계속 유지하기 어려운 중대한 사유가 발생한 경우

제12조(계약 종료/해지시 추가 이행 의무기간)

① "본 계약"이 종료 또는 해지되는 경우 "서비스" "이용자" 보호를 위해 "양사"는 계약 해지일로부터 최대 1년 범위 내에서 "으랏차"가 "피사시"에게 요구하는 기간(이하 "추가 이행 의무기간") 동안 "본 계약"을 종료 또는 해지 전과 동일하게 "본 계약"에서 정한 "양사"의 역할 및 책임을 이행할 의무를 부담하며, "추가 이행 의무기간" 중 "본 계약"의 모든 규정은 계약해지 전과 동일하게 존속한다. 또한 "추가 이행 의무기간" 종료 이후에도 "이용자"에 대하여 "서비스" 제공이 필요할 경우에는 "양사"간 협의하여 "추가 이행 의무기간"을 연장하고 "서비스"를 제공할 수 있다. 다만, "으랏차"가 "추가 이행 의무기간"의 이행을 원하지 않을 경우, "양사"는 "추가 이행 의무기간"을 이행하지 않기로 한다.

② 본 조 제1항에도 불구하고 "본 계약"의 종료 또는 해지시 "으랏차" 또는 "피사시"가 본 계약상의 제반 의무에 대하여 상기 제1항에 따른 "추가 이행 의무기간" 동안 추가적인 계약이행이 객관적으로 불가능한 것으로 판단되는 경우, "양사"간 별도로 협의하여 "서비스" "이용자"에 대한 보호대책을 마련하기로 한다.

제13조(양도금지)

"양사"는 상대방의 사전 서면 동의 없이는 "본 계약" 상의 권리 또는 의무의 전부 또는 일부를 제3자에게 양도, 이전 하거나 담보제공의 목적 등으로 제공할 수 없다.

제14조(불가항력)

"본 계약"의 의무 불이행이나 이행 지체가 천재지변, 폭동, 전쟁, 소요사태 등 불가항력적 사유로 발생한 경우에는 "양사" 모두 그에 대한 책임을 지지 아니한다.

제15조(제3자와의 분쟁)

"본 계약"과 관련하여 이용자 또는 제3자로부터 분쟁이 제기되었을 때에는, "본 계약" 제4조에 의거 각 당사자의 역할과 책임에 따라 각 당사자가 비용을 부담하여 분쟁에 관한 책임과 해결을 부담한다.

제16조(관할법원)

"본 계약"과 관련하여 분쟁이 발생하는 경우 신의 성실을 바탕으로 "양사"가 협의하여 해결하는 것으로 하되, 소송을 제기하는 경우 서울중앙지방법원을 제1심의 전속적 합의관할법원으로 한다.

제17조(기타)

"본 계약"에서 정하지 아니한 기타 사항은 관계 법령 및 상관례에 따른다.

본 계약의 성립을 증명하기 위하여 본 계약서 2부를 작성하여 "으랏차"와 "피사시"가 기명 날인 후 각 1부씩 보관한다.

2020년 8월 15일

"으랏차"	"피사시"
으랏차텔레콤 주식회사	주식회사 피사시
서울시 강서구 마곡중앙로 161	서울시 영등포구 여의도동 000
	피사시 빌딩 101호
대표이사 김 유 신 (인)	대표이사 홍 길 동 (인)
사업자등록번호: 123-45-67890	사업자등록번호: 654-32-12345

공문 주식회사 피사시

발 신 : 주식회사 피사시
주 소 : 서울시 영등포구 여의도동 000 피사시 빌딩 101호
　담 당 : 홍길동(010-0000-0000)

문서번호 : PISA-2020-006　　　　　　　　2020. 05. 11
수 신 : 삼섬전자 주식회사
참 조 : 개인정보과(변학도 과장)
제 목 : '창업 만세' 컨소시엄 확산 협약의 건

1. 귀 사의 무궁한 발전을 기원합니다.

2. 2019년 2월 3일 귀 사가 참여하여 당사와 공동 발족한 기존 '창업 만세 컨소시엄'
의 확산을 위하여 아래와 같이 추가 협력사 영입 협약식을 추진코자 하오니, 검토 후
회신 바랍니다.
　가. 구성명칭 : '창업 만세' 민-관-학 컨소시엄
　나. 참여기관 :
- 기존멤버 : 중소벤처기업부, 성균관대학교, ㈜피사시, 삼섬전자㈜
　- 추가멤버 : 중앙소비자연대, 청색소비자연합, (주)S플렉스
　　다. 확산취지 : 중소기업벤처부 '창업 지원 프로젝트'(중기 제19-00001호) 관련
　　　　　　　　'창업 만세' 캠페인 선도 및 사회적 확산
　　라. 협약일정 : 2020년 5월 25일(예정)
* 만약 귀 사가 일정 변경을 원하시면 5/18까지 회신 바랍니다.
　　마. 협약장소 : 서울 영등포구 여의도동 000 소재 주식회사 피사시 본사(예정)

붙임 1. 기존 창업 만세 컨소시엄 소개서
붙임 2. 창업 만세 컨소시엄 MOU(안)

　　　　　　　　　　　　　　　　　　　　　　　　　　　끝.

주식회사 피사시

투자유치(또는 M&A) 중개 · 자문계약서

홍길동(최대주주, 이하 "갑"이라 한다) 및 OOO(주)(대표이사 OOO, 이하 "회사"라 한다)은 OOO주식회사(이하 "을"이라 한다)와 "회사"의 투자유치 또는 "회사"의 M&A(기업매도, 구주매도)를 위하여 다음과 같이 투자유치(또는 M&A)중개 · 자문계약을 체결한다.

제 1 조. 목 적
본 중개 · 자문계약은 "갑" 또는 "회사"의 경영전략에 부응하는 인수자/투자자(투자자, 인수자 또는 투자회사/인수회사를 포함한다. 이하 "인수자(투자자)"라 한다)를 발굴하고, "갑" 또는 "회사"의 "인수자(투자자)"에 대한 원만한 양도 · 양수(합병, 경영권양수도, 자산양수도, 영업양수도, 주식양수도, 주식교환, 지분투자, 유상증자, CB/BW, 차입금 등을 포함하며 이와 관련한 여하의 거래의 명칭을 불문한다. 이하 "본거래"라 한다)를 목적으로 한다.

제 2 조. "을"의 역할
"을"은 "갑" 또는 "회사"의 투자유치(또는 M&A)중개 · 자문사로서 "갑"은 "본거래" 성공을 위해 "을"을 통하여 투자유치/M&A(본거래)를 수행하고 "을"은 다음 각 호의 용역을 제공한다. 단, "갑"의 51%이상의 지분매각 또는 "회사"의 M&A(매도)는 "갑"이 사전승인(서면 또는 유선)한 경우에만 진행한다.

  1. "인수자(투자자)" 발굴 또는 중개자문
  2. 투자유치(또는 M&A) 전략 수립 지원
  3. 투자유치(또는 M&A) 진행(수행) 지원
  4. "갑" 또는 "회사"와 "인수자(투자자)" 간의 협의 지원
5. 기타 "갑" 또는 "회사"와 "을"이 필요하다고 판단하여 합의한 사항

제 3 조. 수수료
1. "갑" 또는 "회사"는 "을"에게 착수금 일금OOOOOO만원(₩OOOOO, 부가세포함)을 본 중개 · 자문계약체결 시 현금지급한다. 다만 착수금은 "본거래"관련 계약체결 시 본조 제2항의 수수료총액에서 차감하도록 한다
2. "을"을 통하여 "갑" 또는 "회사"와 "인수자(투자자)" 사이에 "본거래" 계약을 체결할 경우 "갑" 또는 "회사"는 "을"에게 아래의 수수료산출방식, 즉 부채포함 총 거래금액("본거래"와 관련하여 총 양도, 합병, 투자유치, 자금유입금액 등을 포함, 이하 "총거래금

액"이라 한다)을 아래의 단계별 구분금액에 해당 단계별 수수료율을 곱하여 산출된 금액들을 최종 합산하는 방식에 의해 산출된 수수료(부가가치세 별도)를 지급한다. 다만, "본거래"와 관련하여 유상증자 또는 "회사"로 자금유입한 금액에 대한 수수료는 "회사"가 "을"에게 지급하며, 구주 양도, M&A(지분양도, 경영권양도 등) 등 "갑"으로 자금 유입한 금액에 대한 수수료는 "갑"이 "을"에게 지급한다.

[단계별 수수료 합산 산출 방식]
    1) 총 양도금액이　10억원 이하인 경우　　　　: 정액 7천만원
    2) 총 양도금액 중　10억원 초과~ 30억원 이하 금액 : 5.0%
    3) 총 양도금액 중　30억원 초과~ 50억원 이하 금액 : 4.0%
    4) 총 양도금액 중　50억원 초과~100억원 이하 금액 : 3.0%
    5) 총 양도금액 중 100억원 초과 금액　　　　: 2.0%

3. 수수료 총액의 50%는 "갑"이 M&A 계약금 또는 "회사"가 1차 투자유치금의 수령일로부터 5 영업일 이내, 나머지 50%는 "갑"이 M&A잔금 또는 "회사"가 2차 투자금의 수령일로부터5 영업일 이내에 "을"에게 각각 현금 지급한다. 만일 "갑"또는 "회사"가 M&A 또는 투자 유치 금액을 1회에 한번으로 수령하고 완료하는 경우 "갑" 및 "회사"는 첫1회 자금수령일로 부터 5영업일 이내 "을"에게 수수료100%를 현금지급하며, "갑"과 "회사"는 수수료 지급을 상호 연대 책임진다(다만, M&A의 경우 잔금지급일 보다 "회사"의 임원선임 주주총회가 먼저 개최되는 경우 "갑"은 잔금지급 시 지급하기로 한 수수료 50%는 주주총회 개최일에 "을"에게 현금 지급한다)

제 4 조. 비용의 부담
본 중개 · 자문계약의 목적을 달성하기 위하여 필요한 경우 "갑" 또는 "회사"와 "을"이 협의 하에 변호사, 공인회계사 등을 선임할 수 있으며, 비용(부대비용 포함)은 "갑" 또는 "회사"가 부담한다.

제 5 조. 지연배상금
"갑" 또는 "회사"가 "을"에게 제3조의 기일에 수수료를 지급하지 아니한 경우, "갑" 또는 "회사"는 미지급된 수수료 및 이에 대하여 각 지급기일의 익일부터 실제 지급일까

지의 기간 동안 연 15%의 비율을 적용하여 계산한 지연배상금을 미지급된 수수료에 가산하여 "을"에게 지급하여야 한다.

제 6 조. 협조 및 준수사항

1. "갑" 및 "회사"와 "을"은 유기적인 관계를 통하여 "본 거래"가 원활하게 수행할 수 있도록 협조한다.
2. "갑" 및 "회사"는 "을"을 통하지 아니하고 "을"이 발굴한 "인수자(투자자)" 또는 그 관계자들과 독자적인 의논, 협의 또는 계약을 진행하지 않는다.
3. "본거래" 관련 계약의 체결 및 "본거래"와 관련된 모든 최종적 판단, 결정 및 사후관리는 "갑" 및 "회사"가 하며, 또한 "갑" 및 "회사"가 그 결과에 대해서 책임을 진다.

제 7 조. 계약변경

"갑"/"회사"와 "을"의 개별적인 사유에 의한 계약변경을 원칙적으로 금지한다.
다만, 필요한 경우 "갑"/"회사"와 "을"의 합의 하에 문서로 변경할 수 있다.

제 8 조. 계약종료

1. 본 중개 · 자문계약은 체결일로부터 6개월 간 유효하며, 당사자 일방이 상대방에게 유효기간 만료일 1월 전까지 서면으로 종료의사를 밝히지 않으면 자동 연장된다.
2. 본 중개 · 자문계약이 종료되고 2년 이내에 "을"이 발굴한 "인수자(투자자)"와 "갑"또는 "회사"가 "본거래" 관련 계약을 체결하는 경우, "갑"또는 "회사"는 "을"에게 제3조의 수수료를 지급한다.

제 9 조. 분쟁조정

본 중개 · 자문계약에 관하여 발생한 분쟁에 대하여 "갑" 또는 "회사"와 "을"은 협의를 통하여 우호적으로 해결하도록 노력하여야 한다. 우호적으로 해결되지 않는 분쟁에 관한 관할법원은 서울중앙지방법원을 합의관할로 한다.

이상을 증명하기 위하여 "갑"/"회사"와 "을"은 중개 · 자문계약서 3통을 작성하여 상호 기명날인한 후 각 1통씩 보관한다.

2019. 12. 12.

"회사"   상   호 : ○○○ 주식회사

          주   소 : 서울 강서구 ○○○로 ○○○○, ○동 ○○○호

          대표이사 : ○ ○ ○   (회사인감날인)

"갑"   성   명 : 홍 길 동   (개인인감날인)

       주민번호 : 000000-0000000

"을"   상   호 : ○○○ 주식회사

          주   소 : 서울 영등포구 ○○○로 ○○, ○○층

          대표이사 : ○ ○ ○   (회사인감날인)

*첨부서류 : 갑, 회사의 인감증명서(최근 3개월 이내 발행) 및 사업자등록증사본 1통

용 역 계 약 서

(갑)고 용 인 : 주식회사 피사시
   (사업자번호) 600-80-00123
   (주소) 서울시 영등포구 여의도동 00 피사시 빌딩 101호
   (연락처) 02-000-0000

(을)피고용인 : 변학도
   (주민번호) 000000-0000000
   (주소) 강원도 춘천시 퇴계동 몽룡아파트 000동 000호
   (연락처) 010-0000-0000

1. 상기 피 고용인 변학도(을)는 아래와 같이 고용인 주식회사 피사시(갑)의 용역을
수행하기로 한다.

- 아 래 -

1) 유지보수 제품 : 울트라 고고 솔루션 제품
2) 유지보수 지역 : 서울시, 경기도(수도권 전역)
3) 유지보수 내용 : 상기 1)항의 제품이 2)항의 지역 내 고객 서버에서 정상 작동 여부 검
  증 및 기타 A/S 사항 업데이트
4) 청구서 및 유관 서류의 제공(전달) 및 유지보수 확인서 인수
5) 작업 완료 후, '갑'이 이해할 수 있는 수준의 상세한 작업일지 보고

2. '을'은 당 유지보수를 위하여 사전에 당 제품의 원 개발사(주식회사 몽룡솔루션) 측으
 로부터 매뉴얼을 수령함은 물론, 유지보수에 필요한 교육을 충분히 받아야 한다.

3. 본 용역의 대가는 총 000만원(실수령액 : 0000원)이며, '갑'은 '을'이 상기 1항
 의 모든 작업을 완료한 날로부터 3 영업일 이내에 '을'의 계좌에 용역비를 현금 입
 금하기로 한다.

4. 원천징수 의무는 '갑'에게 있으며, 세금 신고 의무는 '을'에게 있다.

2020년 6월 01일

(갑) 주식회사 달   (을) 유지보수 수행자
대표이사 홍 길 동   변 학 도

            (인/서명)   (인/서명)

[ ]휴업
　　　　　신고서
[ ]폐업

접수번호	접수일	처리기간	즉시

사 업 자	상호(법인명)	사업자등록번호
	성명(대표자)	전화번호
	사업장 소재지	

신 고 내 용	휴업기간	년　월　일부터　　년　월　일까지(　　일간)
	폐 업 일	년　　월　　일

휴업·폐업사유	사업부진	행정처분	계절사업	법인전환	면세포기
	1	2	3	4	5
	면세적용	해산(합병)	양도·양수	기타	
	6	7	8	9	

사업 양도 내용 (포괄양도·양수의 경우만 적음)	양수인 사업자등록번호(또는 주민등록번호)

신청인의 위임을 받아 대리인이 휴업 · 폐업신고를 하는 경우에는 아래 사항을 적어 주시기 바랍니다.

대리인 인적사항	성명	주민등록번호	전화번호	신청인과의 관계

「부가가치세법」 제5조제5항 및 같은 법 시행령 제10조제1항에 따라 위와 같이
([ ]휴업, [ ]폐업)하였음을 신고합니다.

년　　월　　일

신고인　　　　　(서명 또는 인)

세 무 서 장　　　　　귀하

신청인(대표자) 제출서류	1. 사업자등록증 원본(폐업신고한 경우만 해당합니다)	수수료 없음
	2. 사업양도 · 양수계약서 사본(포괄 양도 · 양수한 경우만 해당합니다)	
담당공무원 확인사항	사업자등록증	

행정정보 공동이용 동의서

본인은 이 건 업무처리와 관련하여 담당 공무원이 「전자정부법」 제36조에 따른 행정정보의 공동이용을 통하여 위의 담당 공무원 확인 사항을 확인하는 것에 동의합니다.　*동의하지 아니하는 경우에는 신청인이 직접 관련 서류를 제출하여야 합니다.

신청인　　　　　(서명 또는 인)

참고 및 유의사항

※ 참고사항
　관련 법령에 따라 허가 · 등록 · 신고 등이 필요한 사업으로서 주무관청에 제출하여야 하는 해당 법령상의 신고서
　(예: 폐업신고서)를 함께 제출할 수 있습니다. 이 경우 세무서장이 해당 신고서를 주무관청에 송부하여 줍니다.
※ 유의사항
1. 휴업기간 중에도 제세신고 기한이 도래하면, 부가가치세 등 확정신고 · 납부를 하여야 합니다.
2. 폐업하는 사업자는 과세기간 개시일부터 폐업일까지의 사업실적과 잔존재화에 대하여 폐업일이 속한 달의 말일로부터
　25일 이내에 부가가치세 확정신고 · 납부를 하셔야 합니다.

210㎜×297㎜[일반용지 60g/㎡(재활용품)]

피치 못해 사업을 시작하는
어른들을 위한 책

초판 1쇄 발행 2018년 8월 31일

지은이 · 송명빈
    makeitup@hanmail.net

펴낸이 · 추미경
책임편집 · 이민애
마케팅 · 신용천 · 송문주
디자인 · 박영정

펴낸곳 · 베프북스
주소 · 경기도 고양시 덕양구 화중로 130번길 48, 6층 603-2호
전화 · 031-968-9556　팩스 · 031-968-9557
출판등록 · 제2014-000296호

전자우편 · befbooks15@naver.com
블로그 · http://blog.naver.com/befbooks75

ISBN 979-11-86834-63-3 (13320)